WERNER ARAND, Jahrgang 1935, produzierte in einem Berufsleben querbeet durch die kulturellen Sparten einen Haufen Sachtexte. Sein Vergnügen am kreativen, freien Umgang mit gebundener Sprache entdeckte er erst in ziemlich fortgeschrittenem Alter. Bewahrt aus seinem früheren Leben hat er sich die Leidenschaft für eine präzise, konsequent optimierte, verbindliche Form, mit welcher er seine meist gereimten Verse so klar wie abwechslungsreich strukturiert.

WAS MIR SO IM GEHIRN ROTIERT

WERNER ARAND
WAS MIR SO
IM GEHIRN ROTIERT
DIVERSE VERSE

Bibliografische Information
der Deutschen Nationalbibliothek:
Die Deutsche Nationalbibliothek
verzeichnet diese Publikation
in der Deutschen Nationalbibliografie;
detaillierte bibliografische Daten
sind im Internet über:
https://dnb.dnb.de abrufbar.

© 2018 Werner Arand
Herstellung und Verlag: BoD - Books on Demand
Norderstedt

ISBN: 9783-7481-8396-9

für Friedel †
und Ruth

INHALTSVERZEICHNIS

I. AM ANFANG WAR DER LESERBRIEF

DAS KAM SO
Oder: Eine Art Prolog

Kein Dichter bin ich, kein Poet!
Das sei hier mal gleich klargestellt.
Ich sitze nicht von früh bis spät
tiefschürfend über Gott und Welt.
Hab' erst als alter Mann begonnen
und einfach Spaß daran gewonnen,
all die ungereimten Sachen,
die mir so im Gehirn rotieren,
ohne Anspruch, Kunst zu machen,
in schlichten Versen zu notieren.

Warum?

Ein ehrenwerter Mann begann,
bei manchem Mitleid zu erregen
mit Versen, die er dann und wann,
unglücklicher Neigung wegen,
die er für Poesie empfand,
an die Presse eingesandt.
Die gereimten Holperstrophen,
frei von Sinn und Klarheit,
gerieten ihm zu Katastrophen.
Das ist die triste Wahrheit.

Und nun?

Es schaffen doch fast alle Laien,
Reime sauber hinzutrimmen,
wie Verse recht zu setzen seien,
dass Maß und Rhythmus stimmen.
Könnte man ihm das erklären?
Wird er sich dagegen wehren,
machte man sich gar damit verhasst?
Egal! Ich hab es einfach mal versucht,
in Versform einen Leserbrief* verfasst,
auch wenn der ‚Dichter' mich verflucht.

Und wann?

Mancher schafft gern früh am Tage,
kommt beizeiten in die Gänge.
Allerdings stellt sich die Frage,
ob mir das morgens schon gelänge.
In der Nacht, wenn ich die Runde
dreh' mit Timo, meinem Hunde,
sprudeln die Ideen nur so raus;
nachts, da werd' ich kreativ und rege.
Das Ergebnis drucke ich noch aus,
bevor ich in der Frühe mich zur Ruhe lege.

Und dann?

Der Gute holpert weiter wie bislang,
der wohl den Anstoß nicht auf sich bezog,
nicht spürt, wie ihm die Dichterei misslang.
Was mich selbst zur Reimerei bewog?
Ich sah, es ging mir flüssig von der Hand;
die Verse liefen nur so wie vom Band,
wenngleich wohl nicht auf höchstem Rang,
trainiere ich so immerhin komplexes Denken
und bin zufrieden, falls es mir gelang,
des Lesers Neugier auf den Rest zu lenken.

2011

* *LESERBRIEF Oder: Prosa gegen Poesie,* S. 14

LESERBRIEF
Oder: Prosa gegen Poesie

Oft kann man lesen in der Zeitung,
wie zu veröffentlichten Sachen,
mal mit, mal ohne viel Bedeutung,
sich Leser ihre Meinung machen.
Es ist ja immer interessant,
wie andere die Dinge finden,
die man vielleicht selbst anders fand
und so den Meinungsstrauß zu binden.

Da gibt es eine Menge Themen,
die es reizt zu kommentieren,
etwa wie manche sich benehmen,
die als Eliten sich gerieren
aus Wirtschaft oder Politik,
mal seinen Senf dazu zu geben,
wenn sie, immun gegen Kritik,
an den Finanzen sich verheben.

Ob wieder mal die Ratsfraktionen
über Problemchen sich entzweien,
etwa fehlende Millionen
für manches nicht vorhanden seien,
was aus der Bahnhotelruine[1]
irgendwann mal werden soll,
wohin bloß mit der dritten Schiene[2],
wo gar kein Platz mehr da ist? Toll!

Leerstand in der Kaufpassage,
Preissteigerung bei Energie,
so was bringt Bürger echt in Rage,
auch andere Fragen, etwa die,
ob eine Pseudo-Ratsfassade[3]
den hohen Aufwand wirklich lohnt,
ein Schlichtbau an der Esplanade[4]
das Stadtbild negativ betont.

Kurzum: Das alles und weit mehr,
– nicht die Betuwe[5] zu vergessen,
Umgehungsführung, Nahverkehr
und jede Menge Petitessen –
ergibt viel Stoff zum Diskutieren,
nachdem die Presse drüber schrieb.
Da kann sich mancher echauffieren,
wenn etwas ihn zur Weißglut trieb.

Dann schreibt man einen Leserbrief,
um seine Ansicht kundzugeben,
nachdem man erst mal drüber schlief,
oder auch gleich anzuheben.
In Prosa machen das fast alle,
da sie die größte Klarheit schafft.
Im einen oder andern Falle
nutzt jemand seine Dichterkraft.

Mancher liebt eben Poesie,
möcht' immer einen Reim sich machen.
Doch oft geht's besser ohne sie,
sei denn, man soll darüber lachen,
wenn Holperverse ohne Maß
und Rhythmus als Gedicht gedacht,
woran der Autor lange saß,
viel Mühe sich damit gemacht.

Ein Leserbrief hat mehr Gewicht
in klaren Worten abgefasst,
ist vorzuziehen dem Gedicht,
wenn weder Reim noch Versfuß passt.
Der Brief, den ich hier selber dichte,
soll kein schlechtes Beispiel geben.
Dass ich ihn alsbald vernichte,
schwöre ich bei meinem Leben.

2009

1   Das seit Jahren leerstehende frühere Bahnhotel wurde von der Stadt für einen beträchtlichen Preis erworben, um eine unerwünschte Nutzung zu verhindern, wirtschaftliche Vermarktung erscheint derzeit nicht in Sicht.

2   Bei einer Untertunnelung des Bahngeländes wurde offenbar jede Möglichkeit für ein vorgesehenes zusätzliches Gleis verbaut.

3   65 Jahre nach der Vernichtung des historischen Weseler Rathauses 1945 wird jetzt eine Nachbildung seiner spätgotischen Fassade einer modernen Neubauzeile am Großen Markt vorgesetzt. Stadt, Land und andere geben für den Unsinn einen Haufen Geld aus. Könnte man natürlich viel preiswerter in PVC tiefgezogen herstellen. Das hätte zudem den Vorteil, dass die potemkinsche Kulisse nicht nach einiger Zeit für das Original gehalten, sondern nach Auslauf des aktuellen Zeitgeistes ohne besonderen Aufwand entfernt werden könnte.

4   In ortsbildprägender Situation wurde vor einiger Zeit ein Geschäftsgebäude von grotesker Hässlichkeit errichtet. Geopfert wurde dieser Bausünde mit dem ehemaligen Sitz der Stadtwerke ein originelles, qualitätvolles Baudenkmal aus der Wiederaufbauphase nach nahezu völliger Kriegszerstörung der Stadt.

5   Betuwelinie: Am Niederrhein allgemein vehement abgelehnte Trassenführung der Güterbahnverbindung Rotterdam - Ruhrgebiet mit höchster Frequenzverdichtung, entsprechender Lärmbelästigung und unvertretbarem Gefährdungspotenzial.

II. SEMANTIKJONGLAGE UND WORTAKROBATIK

INSPIRATION
Oder: Vom Wasser hat's der Bach gelernt

Es begab sich, der Legende nach,
eines Sonntags in der Frühe,
da sah an einem kleinen Bach
den großen Bach man promenieren,
Herrn Johann Sebastian,
wie er ganz spontan begann,
sichtlich erheitert, ohne Mühe
ein neues Werk zu komponieren.

Was ihn dazu inspirierte?
Ein Steg über das Bächlein führte
aus Holz, mit einer Fugenspalte,
aus der das Plätschern lieblich schallte.
Dies fiel dem Meister sogleich auf
und im weiteren Verlauf
entstand in einem Zuge
die erste Bach'sche Fuge*.

2014

* Höre: Bach, Johann Sebastian, *Das Wohltemperierte Klavier, Praeludium und Fuge in C-Dur Nr. 1*, BWV 846.

HEIDELUST
Oder: Ein Barde und sein Schüttelreim

An einem stillen Heidewege,
wo ich meine Weide hege,
saß im blühenden Heidekraut
die süße Maid mit Kreidehaut
und Wellenhaar aus purem Gold.
Im Hellen war sie, ach, so hold,
mit mir einen Gin zu heben
und sich lustvoll hinzugeben.

Ihr wohlgeformtes Wadenbein
berauschte mich wie Badenwein.
Feurig spürt' ich meine Sinne
wie jeder Barde seine Minne.
Im Bach am Fuß der Felswand,
worin ich einen Wels fand,
nahm ich noch ein Fußbad
und machte mich auf den Bußpfad.

2011

LAST, LUST UND LIST
Oder: Trilogische Hommage an Peter Rühmkorf*

Selten nur wird mir bewusst,
wie List verwandelt Last in Lust.
Andererseits ist's mir verhasst,
wird durch List die Lust zur Last.

Doch Lust auf Last ist oft nur List,
dass man die Mühen leicht vergisst.
Ich würde raten: Aufgepasst;
mit Lust auf List fällt man zur Last!

Hunger kann man auch mit Pillen
statt Stullen oder Stollen stillen.
Ich fand schon Spritzen und Ampullen
in stillen Stollen, doch nie Stullen.

Ein Streicher biss im Bus in seinen Bass
und machte sich die Hose nass.
Falls aus solcher Quelle eine Qualle quölle,
dächte ich an Jerome Bosch und an seine Hölle.

Ein Landwirt, sagt man, füttere in Iserlohn
Hahn und Huhn mit Most. Ein Hohn!
Und wenn der Bauer noch so stur ist:
Auch Mast mit Most ergibt nur Mist.

Ein Ross riss Ruß aus einer Esse
bei einem Schmied in Han-sur-Lesse.
In eine kahle Kuhle stampfte es die Kohle;
das Pferdchen wollte partout keine neue Sohle.

Es tragen, wie man hört, in Husen Hasen Hosen
und mümmeln Möhren nur aus Dosen.
Nackt hingegen starb bei Ulm ein Olm auf einer Alm
nach jähem Sturz von einem Halm.

Ändern sich auch rasch die Moden,
kaufen Luden doch im Laden meistens Loden,
und zum Feiern auf der Wies'n
betonen meine Basen den Busen gern mit Biesen.

Sie lohnt es mir mit einem Kuss,
wenn ich der Miss Maß nehmen muss
und hofft, dass ich die Zahlung ihr erlasse.
Doch kesse Küsse füllen keine Kasse.

Als echte Labe lobe ich die Liebe,
spüre unverfälschte, süße Triebe
im Leibe, wenn ich in meiner Laube lebe
und der Liebsten heiße Küsse gebe.

Finster wird es schon im Walde.
Die holde Hilde hör' ich auf der Halde,
hell klingt ihr Lied über den Wall.
Ich warte still und stell mich an den Stall.

2012

* Lies: Rühmkorf, Peter, *Die Last, die Lust und die List,*
in: Ders., *Der Hüter des Misthaufens, Aufgeklärte
Märchen,* Reinbeck, 1983. (Nach Möglichkeit auch alles andere!)

HOLPERSTEIN
Oder: Der schüttelgereimte Lebenslauf
des Heinrich von Wernstein

Meine Wiege stand auf Burg Wernstein,
berühmt für den süffigen Sternwein.
Ich trank jedoch - welch krasser Wahn -
gewöhnlich nur vom Wasserkran,
aß überwiegend trocken Brot,
ging fast an einem Brocken tot.

Ich liebte als Kind schon bunte Laute,
womit ich manche Lunte baute.
Statt „gib mir mal den Wein dort"
bat ich „gib mir mal dein Wort".
Das schien mir gar kein Holperstein;
doch rief man mich nur: Stolper-Hein.

Ich trank mit einer Frankenwein,
die wollte mich ohne zu wanken frei'n.
Nicht hier am kühlen Born, Dirn;
gehen wir lieber nach Dornbirn.
Dort trat ich ein in die Meisterklasse,
schuf Wandbilder mit Kleistermasse.

Bald nervte mich das Wandstreichen;
ich wollte raus, zum Strand weichen,
fand einen Platz für mein Zelt, weit
abseits der schnöden Weltzeit,
genoss das freie Strandleben,
sah Schiffe von See zum Land streben.

Ich kippte manchen Doppelkorn,
schnallte enger den Koppeldorn,
ernährte mich von Notrationen,
wie ehedem die Rotnationen,
teilte mein Leben mit Strandleichen,
die so über Land streichen.

Wir grölten ziemlich wüste Lieder,
entdeckten unsere Lüste wieder,
erlebten manches Nordlicht,
bloß der versoffene Lord nicht;
der war allergisch gegen Ruß
und duschte in jedem Regenguss.

Ein DJ kam mal mit Plattenschatz.
Da ging auf einem Schattenplatz
ab ein geiler Strandball.
Das fetzte heiß wie im Brandstall.
Ich wollte allen zum Wohle sagen
und eine kesse Sohle wagen.

Doch irgend so ein Pennbruder
verstreute überall Brennpuder.
Mylord, der alte Schluckspecht,
warf mir vor, ich spuck schlecht;
musste ihm eins vor den Latz knallen
und hörte ihn was von Knatz [sic!] lallen.

An der großen Steinwand,
wo kühl der ganze Wein stand,
saß auf einer Steinbank
ein Hüne, dessen Bein stank,
wollt' gegen mich den Ger heben
und ihn partout nicht hergeben.

Ich fand ein Band am Wiesenrand,
das ich um den Riesen wand.
Doch lag, schien mir, darin kein Sinn;
hieb eine Gerade an sein Kinn,
wie gefällt schlug er lang hin.
Er war Chinese, hieß Hang Lin.

Ich sprayte auf die Riesenwand
den Grabspruch ihm, am Wiesenrand:
Mit Größe hat er stracks geworben,
ist hier als Bild eines Wracks gestorben.
So ward aus einem Werbestand
schließlich eine Sterbewand.

Mein Rausch verflog an der Katerwand,
dann floh ich von der Waterkant.
Aus meiner alten Flintentasche
nahm ich die große Tintenflasche,
um die ich einen Faden band,
den ich unlängst beim Baden fand.

Ich goss die Tinte aus der Flasche,
nahm die Flinte aus der Tasche
und stürmte in die Sparbank,
wo ich über die Bar sprang,
nicht dem Ruf meiner Klasse zu Ehren,
sondern die volle Kasse zu leeren.

Strikt nach dem alten Lehrmotto:
Nur bar kassieren; nie mehr Lotto!
Ich übersah einen Holperstein,
vernahm noch den Ruf: Der Stolper-Hein!
Sie schnappten mich an der Zahlstelle.
Jetzt sitze ich in einer Stahlzelle.

2011

DOPPELMOPPEL UND TRIPELTIPPEL 1
Oder: Gestotter muss kein Unsinn sein

Gedichte dichte ich zum Spaß,
reime Reime stets nach Maß,
verfasste so diverse Verse.
Gesang sang ich zumeist nach Noten,
erlasse Erlasse nur per Boten.
Mein Verlies verließ ich mal ohne Börse.

Mit dem Gehör hör' ich die Klänge.
Mit Gespür spür' ich im Gedränge:
Gefahren fahren mit beim Rasen.
Befehlen fehlen oftmals Sinne,
Erfolgen folgen meist Gewinne.
Gestecke stecke ich in Vasen.

Ein Maler aus Weißwasser weiß, was er weiß:
In voller Breite breite ich mich aus im Kreis;
Kunst findet in der Stadt statt statt zuhaus.
Mit Pinseln pinseln nennt man Malen.
Ein Bild, bild' ich mir ein, soll man bezahlen.
Im Zeichnen zeichnen sich echte Könner aus.

Man kann auf Leinwand Tupfen tupfen,
Fäden lassen kreativ sich aus Rupfen rupfen,
Löcher mit einem Stopfen stopfen.
Ich drucke Drucke gern auf Bütten,
mag Farbe nicht aus Schütten ausschütten.
Beim Aquarell dürfen Tropfen tropfen.

Wirre Reden reden muss verwirren.
Man kann auf Wegen wegen Nebels sich verirren,
bei Regen jedoch kaum über Lachen lachen.
Pferde lassen sich auf Koppeln koppeln,
Semantik lässt sich durch Verdoppeln doppeln.
Offenbar kann Unsinn Sinn machen.

DOPPELMOPPEL UND TRIPELTIPPEL 2
Oder: Auch stotternd kommt man durch die Welt

Oft möchte ich aus Türmen türmen,
unter vollen Segeln segeln in Stürmen,
in weiten Runden runden die Welt,
mit Rudern rudern meinen Nachen,
über öde Feste feste lachen,
verjubelnd jubelnd mein ganzes Geld.

In Cannes kann es teuer sein einzukaufen.
Zum Neckar sollte man in Lauffen laufen.
Pavarotti hörte ich mal in Singen singen.
Ich musste Leute auf Rügen rügen,
die am Kreidefelsen auf Liegen liegen.
Das war, bevor wir nach Giengen gingen.

Planten Klever clever beim Kaufen,
statt losen Losen nachzulaufen,
könnten sie gleich vor dem Laden laden.
In Hausen hausen fast nur Hessen.
Man sah schon Berliner Berliner essen.
Manche gehen gern in Baden-Baden baden.

Ein Schneider musste einst in Leiden leiden,
sich mit vagen Bescheiden bescheiden bescheiden,
dass Kunden vielleicht nach Trachten trachten.
Man trägt nicht nur im Westen Westen
und geht in Samt samt Seide zu Festen.
Auf Würde würde man überall achten.

DOPPELMOPPEL UND TRIPELTIPPEL 3
Oder: Vermögen schützt vor Stottern nicht

Okay, wenn aus dem Schneider Schneider kamen,
die sich bei Übernahmen übernahmen.
Wenn aber die Verrückten verrückten alle Maße,
Superreiche keine Abgaben abgaben,
die in Steuerparadiesen hohe Guthaben gut haben,
solche, bitte, bitte man mal richtig zur Kasse.

Reichen reichen oft nicht ihre Pfründen.
Aus steuerlichen Gründen gründen
manche manche Firma nur zum Schein;
konnten Konten dabei leicht verschleiern.
Vermögen vermögen viel, nicht nur in Bayern.
Mit mehr Scheinen scheinen manche mehr zu sein.

Gerüchte in den besten Kreisen kreisen,
man könne mit klaren Beweisen beweisen,
dass der Ertrag aus schwarzem Kapital kapital sei
und Lichtscheue gern an dunklen Tagen tagen,
besonders wenn obskure Anlagen anlagen;
die Scheuen scheuen eben Tageslicht dabei.

Man hört, dass Zocker sich in Vereinen vereinen,
gemeinsam in Geldern Geldern nachweinen,
die nie von der Bank in Kamen kamen.
Da ich selbst keine riskanten Spiele spiele,
nicht auf Akte, etwa von Egon Schiele, schiele,
Spießer mir nie den guten Namen nahmen.

DOPPELMOPPEL UND TRIPELTIPPEL 4
Oder: Stottern aus Lust und Liebe

Die Liebe liebe ich am Rheine.
Mit ‚Liebchen' ich die Meine meine.
Beim Weine weine ich manchmal aus Kummer.
Sein Leben leben, wie man wolle,
geht, sehr zum Wohl, wohl gut in Zwolle.
Den Lauf der Maas maß mal falsch ein Dummer.

Wie ich Frauen an der Küste küsste?
Cooler als ich in der Wüste wüsste,
wo wir es mit heißen Trieben trieben.
Einmal pro Woche Lieben lieben Männer;
Sex sechs Mal täglich ist nur was für Könner.
Auf Achten achten soll man vor Neun, nach Sieben.

Auf Waagen wagen sich meist Schlanke.
Auf Tragen tragen kann man Kranke,
Verstorbene auf Bahren aufbahren.
Meine Geliebte liebte ich innig.
Dass mir die Vertraute vertraute, bin ich
dankbar, wenn ein Verfahren verfahren.

Wenn einer Bier für meine Braut braut,
ihr dabei heftig auf die zarte Haut haut,
find' ich so ein Ungeheuer ungeheuer.
Sich zu stürzen in die Ehe, ehe klar war,
ob der heiße Liebesschwur wirklich wahr war,
macht bekanntlich keinen Freier freier.

DOPPELMOPPEL UND TRIPELTIPPEL 5
Oder: Aphorismen gestottert

Mit Hüten hüten meistens Schäfer,
die wachen Wachen wachen über Schläfer,
Decken decken die müden Glieder.
Ans Jenseits uns die Manen mahnen,
wo wir unsere Ahnen ahnen;
auf mein Knie knie ich voll Ehrfurcht nieder.

Frommen frommen fromme Weisen.
Die milde Gaben gaben, sind zu preisen.
Wer schnell gibt, gibt, so sagt man, mehr.
Nadeln nadeln von den Lärchen.
Hexen hexen nur im Märchen.
In Fallen fallen die Dummen eher.

Mancher Alumne ging aus Stiften stiften.
Beim Lesen lesen wir aus Schriften,
große Gedanken danken wir den Klugen.
Durch Lernen lernen selbst noch Meister.
Beim Scheiden scheiden sich die Geister,
wo Alte alte Bedenken trugen.

Laut alten Sagen, sagen oft die Alten,
wenn Weise weise Reden halten,
ziemt es dem Mann, nie ‚nie‘ zu sagen.
Man hört sie auch in höchsten Tönen tönen,
wie sich edle Recken recken können,
die aus fernem Reiche reiche Beute tragen.

Ich schätze, Schätze hab' ich gehoben,
wenn Treue Treue mir geloben,
die Weisen weisen mir rechte Bahnen.
Wer mich berät, mein Hab und Gut gut anzulegen,
schafft nicht nur Reichen reichen Segen,
der darf mich ruhig ‚ruhig‘ mahnen.

DOPPELMOPPEL UND TRIPELTIPPEL 6
Oder: Stottern nach Noten

Auf Tasten tasten mit Gefühl sensible Pianisten.
Dass alle Klappen klappen, hoffen Oboisten.
Bis alle Stimmen stimmen, probt der Dirigent,
lässt die Pauken pauken, dass präzis der Takt gelinge.
Weite Hallen hallen nach, aufdass es festlich klinge,
wie es der Akustiker auch aus Kent kennt.

Man kann auf der Laute laute Laute machen.
Gehen Flöten flöten, findet niemand das zum Lachen.
Die die Ersten Geigen geigen, konnten sich bewähren.
Anfänger, die auf Fiedeln fiedeln, können Pein bereiten.
Das Piano piano spielen empfiehlt sich beim Begleiten.
Der Pianist Lang Lang stieg auf zu höchsten Ehren.

Auf Orgeln orgeln Organisten Bachs Choräle,
mit coolem Hardrock rock' ich volleSäle.
Tenöre mit Gefühlen füllen die Philharmonie.
Lässt Rieu Violinen schluchzen, schluchzen alle mit.
Ein Lied, das meine Lieben lieben, ist sein größter Hit.
Dass Carusos Stimme stimme, bezweifelte man nie.

2010 - 2016

EIN SCHIFFER SCHIFFT
Oder: Unwiderleglicher Nonsens

Ein Schiffer schifft,
der Treffer trifft
    in Luv meistens daneben.
Ein Lacher lacht;
der Macher macht
    schon mal was falsch im Leben.

Der Säer sät,
ein Mäher mäht
    das Kornfeld und die Wiese.
Der Drescher drischt,
ein Fischer fischt
    mal gute Fische und mal miese.

Der Brauer braut,
ein Bauer baut
    Obst an und Getreide.
Der Stauer staut,
ein Klauer klaut
    Geld sowie Geschmeide.

Der Spieler spielt,
ein Dealer dealt;
    woll'n beide schnelle Knete.
Der Zocker zockt,
ein Rocker rockt;
    das wird 'ne geile Fete.

Der Fixer fixt,
ein Mixer mixt
    jede Menge Drinks.
Der Kokser kokst,
ein Boxer boxt
    mit rechts wie auch mit links.

Der Rapper rappt,
ein Pepper peppt
    Banales künstlich auf.
Der Bäcker bäckt,
ein Quäker quäkt,
    ist er mal nicht gut drauf.

Der Nascher nascht,
ein Hascher hascht,
    besorgt sich dafür Gras.
Der Dampfer dampft,
ein Mampfer mampft,
    als gäb's nie wieder was.

Der Esser isst,
ein Fresser frisst
    Unmengen in sich rein.
Der Trinker trinkt,
ein Stinker stinkt
    gewöhnlich wie ein Schwein.

Der Locher locht,
ein Kocher kocht,
    spuckt manchem in die Suppe.
Ein Süßer süßt,
der Grüßer grüßt
    mit Bussi Bussi jede Puppe.

Der Schleimer schleimt,
ein Reimer reimt
    auf reim dich oder ich fress dich.
Der Schniefer schnieft,
ein Miefer mieft,
    das findet mancher lästig.

Der Kühler kühlt,
ein Spüler spült
viele tausend Teller schon.
Der Fühler fühlt,
ein Wühler wühlt
und findet 'ne Million.

Der Kauer kaut,
ein Sauer saut
herum im ganzen Haus.
Der Wichser wichst,
ein Trickser trickst
sich oftmals selber aus.

Der Streber strebt,
ein Heber hebt
mit Muskelkraft wie Ochsen.
Der Schwimmer schwimmt,
ein Nehmer nimmt
so manchen Schlag beim Boxen.

Der Ringer ringt,
ein Springer springt.
Der Sieger wird geehrt.
Der Geher geht,
ein Steher steht,
auch wenn er Fahrrad fährt.

Der Sprecher spricht,
ein Fechter ficht
mit Säbel und Florett.
Der Träger trägt,
ein Schläger schlägt.
Das find ich nicht sehr nett.

Der Holzer holzt,
ein Bolzer bolzt,
    geht ohne Rücksicht vor.
Ein Schieber schiebt,
der Keeper keept,
    sonst ist der Ball im Tor.

Der Stopper stoppt,
ein Shopper shoppt
    im Kaufhaus oder Internet.
Der Flieger fliegt,
ein Krieger kriegt
    den Billigplatz im Hinterjet.

Der Kleber klebt,
ein Weber webt
    Seide oder Leinwand.
Der Dreher dreht,
ein Späher späht,
    dagegen hilft kein Einwand.

Der Maler malt,
ein Zahler zahlt
    oftmals für bloßen Mist.
Der Zeiger zeigt,
ein Geiger geigt
    mal Schubert und mal Liszt.

Der Gießer gießt,
ein Spießer spießt
    Ferkel auf zum Grillen.
Ein Kranker krankt,
der Zanker zankt,
    da helfen keine Pillen.

Der Keiler keilt,
ein Heiler heilt
  Kranke wie Gesunde.
Der Zecher zecht,
ein Blecher blecht
  und schmeißt die nächste Runde.

Der Reiber reibt,
ein Schreiber schreibt
  mit Bleistift oder Tinte.
Der Bleiber bleibt,
ein Treiber treibt
  die Hasen vor die Flinte.

Der Jäger jagt,
ein Kläger klagt
  bei jeder Bagatelle.
Der Flenner flennt,
ein Penner pennt
  sofort und auf der Stelle.

Der Zucker zuckt,
ein Mucker muckt
  auf gegen das und dies.
Der Drucker druckt,
ein Spucker spuckt.
  Pfui Deibel, ist das fies!

Der Kacker kackt,
ein Knacker knackt
  Tresore, das ist schlecht.
Der Schlichter schlicht,
ein Richter richt
  manchmal sogar gerecht.

Der Packer packt,
ein Hacker hackt
    Daten aus dem world-wide-web.
Der Lenker lenkt,
ein Denker denkt:
    Was bin ich für ein Depp.

Der Müller müllt,
ein Knüller knüllt
    die Zeitung, so ein Knilch!
Der Killer killt,
ein Stiller stillt
    und gibt doch keine Milch.

Der Tauscher tauscht,
ein Lauscher lauscht
    oft auf die eigene Schande.
Der Hörer hört,
ein Schwörer schwört,
    verpfeift die ganze Bande.

Der Pfeifer pfeift,
ein Greifer greift
    den Gauner, der sieht rot.
Der Läufer läuft,
ein Säufer säuft,
    am Schluss sind beide tot.

Der Taucher taucht,
ein Raucher raucht
    die Lunge sich voll Teer.
Der Paffer pafft,
ein Raffer rafft
    und gibt nichts wieder her.

Der Lutscher lutscht,
ein Knutscher knutscht
    mit jeder, die er kennt.
Der Kutscher kutscht,
ein Putscher putscht
    und nennt sich Präsident.

Der Knatscher knatscht,
ein Tatscher tatscht
    gern an Po und Brüste.
Der Puffer pufft,
ein Rufer ruft
    vergeblich in der Wüste.

Der Heuler heult,
ein Keuler keult
    das Tierchen. Ungeheuer!
Der Flitzer flitzt,
ein Blitzer blitzt,
    das wird richtig teuer.

Der Renner rennt,
ein Scanner scannt,
    dann speichert man die Daten.
Der Frager fragt,
ein Sager sagt:
    Ich rate dir zu raten.

Der Träumer träumt,
ein Säumer säumt,
    kommt überall zu spät.
Der Nöler nölt,
ein Öler ölt,
    bis das Getriebe geht.

Der Flucher flucht,
ein Sucher sucht
    und findet meist nicht viel.
Der Führer führt,
ein Irrer irrt,
    kommt auch manchmal ans Ziel.

Der Beißer beißt,
ein Reißer reißt
    kaum hin mit blöden Witzen.
Der Schweißer schweißt,
ein Scheißer scheißt
    gewöhnlich nur im Sitzen.

Der Töner tönt,
ein Löhner löhnt,
    muss andauernd zahlen.
Ein Würger würgt,
der Bürger bürgt
    für alles nach den Wahlen.

Der Wähler wählt,
ein Zähler zählt
    die Stimmen aus am Schluss.
Der Zager zagt,
ein Wager wagt
    so manchen blöden Stuss.

Der Nutzer nutzt,
ein Stutzer stutzt
    bei diesen Nonsenszeilen,
ein Sinner sinnt:
der Spinner spinnt,
    ist wohl nicht mehr zu heilen.

2010

III. SCHRÄG GESPONNENES GARN

ALBTRAUM
Oder: Groteske zwischen Zwölf und Eins

Unheimlich ist mir diese Nacht.
Als voller Schauder ich erwacht,
glust fahl der Mond ins Fenster.
Ein Rabe krächzt,
der Dachstuhl ächzt.
Mir scheint, ich sehe Gespenster.

Und höre schrille Stimmen wimmern,
spitze Schreie aus düsteren Zimmern.
Katzen kratzen Augen aus.
Tief im Hexengrunde
schlägt dumpf die Geisterstunde.
Mörder schleichen um das Haus.

Eine bleiche Kinderleiche
treibt hinterm Gruselschloss im Teiche,
die Mutter liegt erschlagen im Parkett.
Untote Schufte sehe ich schuften
in modernden Familiengruften,
klappernd über Gräbern tanzend ein Skelett.

Schauerliche Horrorgestalten
im Dom die Schwarze Messe halten,
im Hohen Chor rinnt Blut von allen Stufen,
ein Vampir flüstert Zauberworte.
Nur fort, hinweg von diesem Orte!
Hat da nicht wer in höchster Not gerufen?

In abgrundtiefen Folterkammern
hör ich gequälte Hexen jammern,
Scheiterhaufen glühen rot.
Auf dem nahen Galgenberge
kreischen irre Gartenzwerge;
der Gehenkte ist noch nicht ganz tot.

In finsteren Gassen Ratten winseln
und aus trüben Wattenrinnseln
steigt hoch eine grausige Flut
blutrot schäumender Wogen.
Ein Feuersturm ist aufgezogen;
die Welt zerbirst in schauriger Glut.

Da sprengt heran der Schimmelreiter.
Lästerlich gen Himmel schreit er
einen furchtbaren, höllischen Fluch,
starrt mich an mit leerem Blick,
streckt Knochenfinger nach meinem Genick,
umwabert von ekligem Geruch.

Ich spüre seine eiskalte Hand,
werfe mich schaudernd herum zur Wand:
Vater, mein Vater, jetzt fasst er mich an!
Zitternd erwach' ich beim Schlag der Uhr.
Welch kruder Albtraum war das nur,
was schlug mich so tief in seinen Bann?

2009

DAS KANNST DU NICHT
Oder: Ich hoffe auf Milde

Das kannst du nicht, machst nie was richtig!
Im Schnitt hör' ich das zehnmal täglich.
Meist ist, worum es geht, nicht wichtig,
doch fühl' ich mich dabei echt kläglich.

Sie traut mir einfach gar nichts zu,
ich sei nicht fähig zu organisieren;
ich mach' das schon, aber doch nicht du!
Da kann man schon mal explodieren!

Will ich mir das Essen warm machen:
Bei dir brennt's an; ich mach das allein!
Nervig find' ich das, gar nicht zum Lachen.
Sollte ich wirklich so unfähig sein?

Wenn es um Wäsche waschen geht,
heißt es: Nein, du kennst dich nicht aus,
viel zu komplex für dich, das Gerät.
Bring du mal lieber den Müll hinaus!

Was ich kann, das sind die einfachen Sachen,
aber natürlich immer nach Weisung:
Einkäufe schleppen, Betten machen,
die Straße räumen von Schnee und Vereisung.

Das Auto steuern darf ich immerhin;
sie hat ja keinen Führerschein.
Doch sie bestimmt, wie, wann, wohin,
muss partout die Chefin sein.

Du weißt einfach nicht, wo's lang geht!
Solche Aussage zeigt die ganze Tendenz.
Gereizt bin ich so von früh bis spät.
Natürlich nennt sie das Altersdemenz.

Das wäre ja alles vielleicht zu ertragen,
hätte sie selbst nicht zwei linke Hände.
Ihr Spruch kann mich in den Wahnsinn jagen:
Du verirrst dich doch in jedem Gelände!

Wie ich bar jeder Fähigkeit, aller Talente,
über die Runden kam, einigermaßen,
mein ganzes Leben nicht blöde verpennte,
ist ja wirklich kaum zu fassen!

Schon gar nicht, da ich im Arbeitsleben
mit klarer Logistik, exakter Planung,
konnte zumeist mein Bestes geben.
Wie das gelang? Keine Ahnung!

Ich kann mich allmählich für nichts mehr verbürgen
und hoffe auf Milde vor jedem Gericht;
ich werde sie wohl demnächst erwürgen.
Ob sie dann wohl noch meint: Das kannst du nicht?

2009

MORITAT, HINTERM DEICH ZU SINGEN
Oder: Eine etwas schräge Hommage an
Fritz Grasshoff[1], Wilhelm Busch, den Volksmund
sowie PSI, den Unbekannten Lokalreporter

Hinterm Deich, in der Hafenkaschemme,
ist heute Nacht der Teufel los.
Es brechen, scheint's, alle Dämme.
Was treiben die da bloß?
Der Schuster aus Treuenbrietzen
heiratet heut die Marie.
Die wollt' er bekanntlich gerne besitzen;
ist ja auch eine gute Partie.

Die Stimmung geht schon mächtig hoch,
der Krawall ist ganz schön laut.
Der Schuhmacher prügelt sich mit dem Koch,
der angeblich das Essen versaut.
Fischers Fritz fischt frische Fische
aus dem Guppyaquarium.
Die kommen als Sushi zu Tische,
dazu saufen sie Fässer voll Rum.

Nur Mariechen sitzt greinend im Brautkleid,
quengelt rum: Aber Blaukraut bleibt Blaukraut!
Ihr Bräutigam schnappt sich ein Holzscheit,
das er ihr unsanft aufs Haupt haut.
Doch Mariechen gibt keine Ruhe,
macht rum fuchsteufelswild
und kreischt: Wo sind meine Schuhe?
Der Mistkerl wird jetzt gekillt!

Ihr Urgroßopa, Ex-Amtsgerichtsrat,
der mischt sich jetzt auch ein:
Dir hau ich gewaltig was auf den Bart
und mach dich fertig, du Schwein!
Die Bäuche hält sich die Runde,
es lachen sich alle halb tot.
Dazwischen kläffen sechs Hunde,
hinterlassen viel Kot.

Auch der Cottbuser Postkutschmeister
ist mit von der Partie,
Hieronymus Kuddel, so heißt er,
führt sich auf wie ein Vieh;
brüllt rum und kotzt auf den Tisch.
Das finden alle ganz toll.
Klein Erna bestaunt den gegessenen Fisch
und macht sich ihr Höschen voll.

Käpt'n Byebye[2] zieht sein Messer raus,
will damit den Kotz filetieren;
er kennt sich schließlich mit so was aus,
Kuddel soll's dann noch einmal probieren.
Doch Kuddel findet das gar nicht gut,
er ist vom Saufen schon voll
und gibt dem Käpt'n eins auf den Hut.
Das macht den vor Wut ganz toll.

Er schnappt sich den Kutscher beim Kragen,
würgt mächtig den Kerl am Hals.
Der kann eine Menge vertragen,
würgt Byebye nun ebenfalls.
Schon färben ihre Köpfe sich rot,
das Blut schießt in die Gesichter.
Aber noch ist keiner von beiden ganz tot,
wie sachlich feststellt der Ex-Richter.

Die Festgesellschaft steht johlend im Kreis
und feuert die beiden an;
so'n bisschen Erwürgen, wie jeder weiß,
hat noch nie großen Schaden getan.
Ole Pinelle[3], den Priem in der Backe,
wirft sich jetzt wild dazwischen,
hat schon gewaltig was auf der Hacke;
da will er auch mal mitmischen.

Das geht den beiden Würgern zu weit;
was mischt sich Pinelle da ein!
Sie stürzen sich auf ihn nun zu zweit
und würgen ihm mächtig was rein.
Der Käpt'n haut ihm die Nase platt,
doch Ole grinst nur dumm rum.
Da vergisst der Kuddel sich doch glatt
und nietet den Kerl einfach um.

Das gilt fürs Publikum als Signal
zum allgemeinen Gefecht.
Sie prügeln sich jetzt allemal,
jede Waffe ist ihnen recht.
Fischers Fritz langt zu mit der Angel,
fischt Paddy aus Port Helasund[4]
heraus aus dem Gerangel;
der treibt es Fritze zu bunt:

Wollt' mit Fritzens Cousine entwischen,
an der Fritz selbst interessiert,
hat entdeckt ihn unter den Tischen,
wo er fummelt mit ihr, ungeniert.
Nun hat er den Saukerl am Haken,
zieht ihn sachte zu sich ran,
haut die Fischkeule ihm in den Nacken;
Paddy fällt tot um. Oh Mann!

Der Hosenlatz steht ihm offen,
sein Pimmel hängt halb raus.
So geht's, wenn man sich besoffen
einlässt mit so 'ner Maus.
Cousinchen guckt erst mal belämmert,
tritt dann dem Cousin in die Eier:
Du bist ja so was von behämmert!
Und krallt sich den nächsten Freier.

Die alte Witwe Bolte[5], die mit der Krautfabrik,
entwindet dem Fischer die Rute;
jede Angel macht ihr den Hals dick,
seitdem man sie damit beklaute.
Jeder kennt ja die alte Geschichte
mit den Brathühnchen durch den Kamin.
Dafür kriegte sie bei Gerichte
damals nicht mal einen Termin.

Das erregt sie noch heute dermaßen,
da flippt sie manchmal richtig aus,
kann sich dann einfach nicht fassen,
fegt keifend und tobend durchs Haus.
Wenn die 'ne Angel nur sieht,
mit der irgendwer hantiert,
ist's angesagt, man flieht;
sonst wird man gleich massakriert.

Die Witwe, ansonsten eher gütig,
sieht heute wieder mal rot
und drosselt Fritz, total wütig,
mit der Angelschnur bis zum Tod,
stürzt sich dann erneut in die Schlacht
und teilt nach allen Seiten aus,
bis ihr selber einer den Garaus gemacht;
liegt da jetzt wie 'ne verendete Maus.

Auch Byebye bleibt heut auf der Strecke.
Als man ihn fand zu guter Letzt
hinterm Tresen in der Ecke,
war nicht allein sein Hemd zerfetzt;
man konnte ihn kaum noch erkennen.
So geht's, wenn solch ein Lumpenstrumpf,
statt einfach wegzurennen,
dabei sein muss auch im dicksten Sumpf.

Mariechen, Schusters süße Braut,
war dem Käpt'n nicht sehr gewogen;
sie hatte seinen Dolch geklaut
und ihm mehrfach durchs Gesicht gezogen.
Kuddel hat ihn sich dann gegriffen
und, Klein Erna sagte, wie's war,
Byebye mit grober Raspel geschliffen.
Sie fand das gar nicht sonderbar.

Die rote Lampe knallte er noch entzwei,
- hatte eigentlich auf Kuddel gezielt -
dann war's mit dem Käpt'n vorbei;
hatte einmal zu viel mit'nem Kutscher gedealt!
Dem schrägen Meister Figaro
- von Beruf natürlich Damenfrisör,
heißt, wie man ahnt, auch nicht wirklich so -
widerfährt nun ein kleines Malheur:

Er gerät im dicksten Gedränge
aneinander mit Madame Goulou[6]
und drückt sich an sie ganz enge,
will seh'n ihr Ganzkörpertatoo.
Goulou fürchtet um ihre Ehre,
da sie nur mit dem Hochadel callt,
entwendet dem Meister die Schere,
hat zum Schnippeln direkt ausgeholt.

Sie tut den Meister kastrieren
ganz ohne Anästhesie.
Der kann nur noch schwach protestieren,
seine Männlichkeit besitzt da schon sie.
Das geht dem Frisör nun doch etwas zu weit,
krallt hinein in Goulous getürmte Frisur,
hat vorher noch rasch zerrissen ihr Kleid,
sieht so doch noch die ganze Figur.

Ist ihm auch ziemlich mulmig zumute,
reißt er dennoch den Skalp ihr ganz aus:
Das haste davon, du blöde Nutte,
krächzt er und wankt aus dem Haus.
Das hat ihm schließlich das Leben gerettet,
wenngleich er nicht mitkriegte, wie:
Hinter Figaro waren jetzt andere verkettet,
nämlich la Goulou mit Didy.

Zu Haiston am Kanal war Didy früher reich,
das Teuerste und Beste, die Attraktion im Saal[7].
Heut schafft sie an gleich hinterm Deich,
hat gar keine andere Wahl.
Stell dich nicht an, du blöde Kuh,
es gibt genug Perücken,
geht Didy los auf die Goulou,
das stört doch nicht beim Ficken!

Und tritt mit Wucht ihr in die Knie.
Da knickt die Goulou ein.
So was passierte ihr noch nie:
jetzt pass mal auf, du fettes Schwein!
Kommt hoch wie 'ne scharfe Rakete,
noch immer splitternackt,
hält in der Hand eine scharfe Machete.
Herrje, ist die beknackt!

Sie will sich sofort auf Didy stürzen,
die Waffe erhoben zum Schlag,
möchte die Didy gerne verkürzen,
doch heute ist nicht Goulous Tag;
denn Didy, auch nicht von gestern,
pariert die gefährliche Klinge,
sah das mal in 'nem Western
und hofft, dass es ihr jetzt gelinge.

Sie schnappt sich das lange Messer,
setzt es echt profihaft ein,
und Didy macht das sehr viel besser;
kürzt Goulou ihrerseits ein Bein.
Schließlich fand man sie eng umschlungen,
bestimmt nicht aus Sympathie.
Sie hatten noch lange erbittert gerungen,
am Ende entschlummerten sie.

Inzwischen hat Marie, wie man weiß,
Byebyes Knief gesucht und gefunden;
ihr Bräutigam, das fühlt sie jetzt heiß,
hat zum letzten Mal sie geschunden.
Mit Klein Erna erwischt sie den Schuster,
sternhagelvoll besoffen.
Marie ist gut mit dem Messer, das wusst' er,
hat ihn mitten ins Herz getroffen.

Wie's schließlich ausging, sah niemand mehr
im allgemeinen Gewühle.
Nur noch Schrott lag überall umher,
zertrümmerte Tische und Stühle,
dazwischen Leichen nebst Leichenteilen,
konstatierte die Polizei;
man verstehe kaum, wie so ein Keilen
am friedlichen Deich bloß möglich sei.

Viel mehr könne man noch nicht sagen,
hieß es im Polizeibericht;
die Beteiligten seien kaum zu befragen.
Genaueres wisse man selbst noch nicht.
Klein Erna, das Berliner Gör,
das kreischend durch die Trümmer irrte,
überlebte, teilweise auch der Frisör,
nachdem er Goulous Frisur ruinierte.

Die holde Braut, das scheue Mariechen,
nachdem sie das Herz ihres Schuhmachers fand,
sah man kichernd am Boden kriechen,
das blutige Messer noch in der Hand.
Alle anderen waren am Ende verschieden;
insgesamt waren's einundzwanzig.
Die Kaschemme wurde 'ne Zeit lang gemieden,
bis die Stammkundschaft wieder einfand sich.

Klein Erna kam in den Jugendarrest.
Der Frisör sei noch nicht genügend bestraft,
stellte der Richter beim Urteil fest
und verknackte den Meister zu acht Jahren Haft.
Mariechen wurde freigesprochen;
es schien einwandfrei belegt,
der Schuster habe sich selbst erstochen.
Das Publikum war tief bewegt.

Was damals ablief, weiß ich ganz allein,
doch das werde ich nie jemand sagen.
Denen war ich seinerzeit ja viel zu klein,
um mich dazu zu befragen.
War als Kleinkind aber schon ziemlich gewieft,
wenn ich auch noch nicht alles verstand.
Seitdem hat sich mein Wissen vertieft,
das liegt ja wohl auf der Hand.

Ich hatte schon immer experimentiert,
mein Schwerpunkt war die Chemie.
Ganz besonders war ich interessiert,
mich weiterzubilden in Toxikologie.
Mit drei Jahren hab ich noch Frösche vergiftet,
mit vier meinen ersten Hund, einen Fox.
Nebenbei hab ich weiße Mäuse geliftet,
die hielt ich für Tests mir in einer Box.

Ich erzielte schon früh manch nettes Ergebnis,
ließ einmal fast fliegen ein Fohlen,
brachte Katzen in Blutrausch, ein tolles Erlebnis!
Das wollte ich gern mal in Groß wiederholen.
Das gab mir auch schließlich die Motivation,
die Wirkung von Drogen und Elixieren
in vielfach wechselnder Portion
und Mischung ernsthaft zu studieren.

Mein erstes Labor hatt' ich unten im Keller,
da kam nie jemals eine Sau hin.
Zum Mischen reichte ein alter Teller,
mit dem ich da rumgekrochen bin.
Als ich vier wurde, zog ich um auf den Söller,
das war 'ne tolle Rumpelkammer!
Die Ausstattung wurde professioneller:
Als Stößel diente mir nun ein Hammer.

Der half, die Substanzen fein zu zermahlen,
dem sehbehinderten Apotheker geklaut,
nebst manchen Phiolen und Schalen.
Er hatte mir buchstäblich blind vertraut.
Der war auch mein erstes menschliches Objekt,
was ich später ehrlich bereute;
als er nach dem ersten Test schon verreckt,
fand ich ja kaum noch gescheite.

Hab mich dann nur noch an Kinder gehalten,
meist nicht viel älter als ich.
Da konnte ich schöne Versuche gestalten,
und das Beste war: Keiner verdächtigte mich.
Was soll ich dazu viel sagen?
Ein gutes Dutzend ging nach und nach drauf,
die Verluste waren zu ertragen;
meine Ausbildung hielt das weiter nicht auf.

Zu jener Zeit, vor rund acht Jahren,
ich war schon ziemlich fortgeschritten,
kam einer bei uns vorgefahren,
in so 'nem großen Luxusschlitten.
Der hieß Kaschinski, erzählte,
er sei ein betuchter Schuhfabrikant
und wolle seine geliebte Erwählte
romantisch heiraten auf dem Land.

Habe unser gemütliches Gasthaus gesehen,
- meinte tatsächlich die alte Kaschemme!
Da könne man würdig das Fest begehen,
falls man im Preis ihm entgegen käme.
Darüber wurde man sich schnell einig,
sie machten ihm einen Wahnsinnspreis.
Viel zu billig war das, mein ich;
hat die eingewickelt mit seinem Scheiß.

(Hier fehlen vermutlich ca. ein bis zwei Seiten des
Originalmanuskripts, die durch eine Aktennotiz der
Psychiatrischen Landesklinik ersetzt wurden. Sieh: S. 55)

Das alles ist jetzt gut acht Jahre her,
ich war damals gerade mal fünfe.
Erna assistiert mir jetzt sehr,
macht mir die Wäsche, stopft Strümpfe.
Auch sonst unterstützt sie mit Energie
meine Arbeit in der Kaschemme.
Die richtigen Mischungen kennt auch sie,
falls mir mal was dazwischen käme.

Vom Zaster der entschlafenen Gäste
führen wir ein auskömmliches Leben,
feiern wie früher tolle Feste,
von denen wir hin und wieder eins geben.
Mariechen sitzt dann meist heulend im Garten,
drum herum ihre blöden Blagen.
In all den Jahren, den harten,
hört' ich sie nie nach dem Schuster fragen.

Der doch wahrscheinlich ihr Vater war.
Sie vermissen ihn eben nicht.
War auch ein Arsch, das ist schon klar,
nie vergess ich sein blödes Gesicht!
Der Frisör kommt demnächst aus dem Knast,
sie haben ihm nichts erlassen.
Haben ihn wohl hart angefasst,
auch da, wo nichts mehr anzufassen.

Ich glaube, der Kerl hat mich immer gehasst
und wird das auch nie lassen.
Er hat mir ja schließlich auch nie gepasst,
werde ihm bald 'ne Ladung verpassen.
Wenn ich dran denke, wird mir ganz heiß.
Junge, Junge, das haut wieder hin!!!!!!!!
Ach, wie gut, dass niemand weiß,
dass ich Rumpelstilzchen bin!

Hahahaha hihi ha hihihihihihihihihi
hihihihihihihihihihihihiihihihihihihihihihii
hohoho ihihihihihihiho hihihihi
hihi hahahahahahha hohohoh
hihi hihihihi hahahahaha hihihihi
hahahahahahahahahh
hihihihihihi huhuhuhu hhihihi
hohohohoho hihihihihhihi

2010

Psychiatrische Landesklinik Sekretariat

an Hausarchiv
Arch.-Insp. Müller

Betr.: Az. 002769001/D4552 (Pat.: H. W.)[8]

Aufgr. Ihrer diesbez. Anfr. bestätige ich
hierm. die Aussage eines Mitarb. im Pflege-
u. Sicherheitsber., derzuf. es dem H. W.
im Zuge seiner Einliefg. in unsere Anst.
trotz schärfster Überwachg. in einem
unbeob. Moment gelang, die fehld. $1^1/_2$ Blatt
aus dem von ihm verf. vermutl. Phant.-
Bericht dem Konvol. zu ent- u. in den Mund
zu nehm. u. zu verschl. Die Überreste im Stuhl
wurden o. Ergebn. dem kriminol. Inst. zur
Auswertg. übergeb. Die Lücke konnte lt. Akt.
-Lage seinerz. auch im Zuge wiederh. nachdrückl.
Befrg. des Pat. nicht geschl. werden.

Zum Vorg.

Gez. Dumpfmann Dir.-Sekr.

Kopie

Anst. der abh. gek. Blätter dem Vorg. des
zwztl. abgäng. Pat. beigeft.

Gez. Müller Arch.-Insp.

Müll

aus dem Bömmelburger Anzeiger

Polizei steht vor einem Rätsel

BÖMMELBURG-WAHNMARSCHEN[9] (PSI)[10]
Wie diese Zeitung gestern aus Wahnmarschen in
Erfahrung bringen konnte, wurde auf Veranlassung
der dortigen Gastwirtin Erna Klein deren
Halb-cousin Helmut Wunderlich (Namen von der
Redaktion geändert) am vergangenen Freitag in
die Psychiatrische Landesklinik eingeliefert.
Nach Angaben der Klinikleitung wurde bei einer
gründlichen Untersuchung durch ein mehr-
köpfiges Spezialistenteam eine außerordentliche
Begabung des minderjährigen Patienten konsta-
tiert. Auf Grund einer merkwürdigen, in holpri-
gen Versen abgefassten Schilderung, die bei
dem Dreizehnjährigen gefunden wurde, sollen
jetzt nach Auskunft der Kreispolizeibehörde
Bömmelburg die bisher nie vollständig geklärten
Vorfälle untersucht werden, die sich vor acht Jah-
ren bei einer Hochzeitsfeier in einem dortigen
Landgasthof ereignet hatten. Wie seinerzeit be-
richtet, war es damals zu massiven Tätlichkei-
ten zwischen mehreren, teils schwer verletzten
Personen gekommen. Dem Vernehmen nach ver-
wies die Verwandte des Jungen dessen Ausfüh-
rungen in das Reich der Phantasie. Sie sei ja
schließlich damals selber dabei gewesen. Das un-
eheliche Kind ihres angeheirateten, jung verstorbe-
nen Onkels sei schon immer verhaltensauffällig
gewesen. Zu gegebener Zeit werden wir über den
etwas undurchsichtigen Fall mehr berichten.

1 Grasshoff, Fritz: *Halunkenpostille,* Hamburg 1947.
Der verstorbene jugendliche Verfasser des vorliegenden
Versepos' glaubte offenbar, dass man an seiner
unglaublichen Moritat auch ohne weitere Kenntnis des
beteiligten Personals einiges Vergnügen finden könne.
Doppelten Genuss wird allerdings gewinnen, wer die
Figuren aus der *Halunkenpostille* schon bei Grasshoff
kennen gelernt hat. (Sieh: Anm. 2-4, 6,7).

2 Käpt'n Byebye aus Shanghai, (sieh: Grasshoff, wie
Anm. 1, ‚war ein Lumpenstrumpf').

3 Ole Pinelle, ebd. (‚vor der Hafenverwaltungsbaracke'
schwadronierend, wobei er auch Paddy aus Port Helasund,
Anm. 4, vorstellt).

4 Paddy aus Port Helasund, ebd. (‚steckte voll Gift und
Galle'...).

5 Witwe Bolte, in: Busch, Wilhelm, *Max und Moritz, eine
Bubengeschichte in sieben Streichen,* 1865 ff. (zahlreiche
verschiedene Ausgaben).

6 Madame Goulou, (sieh: Grasshoff, wie Anm. . ‚tätowiert
vom Ausschnitt bis zum Spann'...).

7 Didy-Song, (sieh: Anm. 1-4 und 6. ‚Es war zu Haiston
am Kanal'...),

8 Es haben sich zwischenzeitlich erhebliche Zweifel
ergeben, ob jene durch die Aktennotiz der
Direktionssekretärin ersetzten ca. 1½ Seiten aus den
Aufzeichnungen des H. W. wirklich verloren gegangen
sind. Der offensichtlich hochintelligente Autor hat
möglicherweise das Verspeisen der Blätter nur
vorgetäuscht und sie anderweitig versteckt. Es ist nicht
auszuschließen, dass sich der fehlende Text bei weiterem
Nachforschen noch finden lässt. Die Fehlstellen könnten
eventuell Aufschluss über die bisher nie ganz geklärten
Hintergründe und Zusammenhänge geben.

9 Bömmelburg, Kreisstadt in Hesslig-Stollschwein an der
Mündung der Unterkiefer in die Nordsüdsee.

10 Ein Mitarbeiter mit dem Kürzel (PSI) ließ sich
beim ‚Bömmelburger Anzeiger' für den Zeitraum der hier
geschilderten Ereignisse nicht ermitteln, eine weitere
offene Frage in dieser weit mehr als nur ‚etwas
undurchsichtigen' Angelegenheit.

HASE UND IGEL
Oder: Auch Flügel machen keinen Dummen klug.

Dem Hasen und dem Igel
wuchsen plötzlich Flügel.
    Der Hase, der es nie verwunden,
wie ihn der Igel ausgetrickst,
denkt so bei sich: Ei verflixt,
    drehen wir doch mal ein paar Runden,
dann sehen wir ja, wer schneller ist.
Der macht nicht nochmal solchen Mist.

Der Igel sagt: Da mach' ich mit.
Doch heute, das ist wirklich Schitt,
    fühle ich mich ziemlich mies;
hab' mir wohl irgendwas geschnappt.
Ich denke, dass es morgen klappt.
    Nun gut, ich akzeptiere dies.
Das schlaue Langohr will noch üben,
um seine Chancen nicht zu trüben.

Der Igel jedoch nutzt die Frist,
baut, weil er nicht von gestern ist,
    geschickter Bastler immerhin,
aus Holz und Draht und Pappe
eine Igelflugattrappe
    mit einem starken Motor drin.
Mit dem Vortrieb vom Propeller,
weiß er, geht es ja viel schneller.

Am nächsten Tag wird früh geweckt.
Die Flugbahn ist schnell abgesteckt:
    Um jenen Baum dort und zurück
wiederum zu Start und Ziel.
Der Hase meint: Ein Kinderspiel.
    Heut' mach ich mein Meisterstück!
Sieht nicht das Fluggerät, versteckt,
hinter'm Busch gut abgedeckt.

Auf los geht's los, der Hase spricht.
Der Igel drauf: Ich start' noch nicht.
    Hol' ja auf jeden Fall dich ein.
Der Hase lacht sich beinah krumm:
Mein Gott, ist dieser Stacho dumm;
    diesmal werde ich Sieger sein!
Spreizt zum Abflug weit die Schwingen,
ein Superstart soll ihm gelingen.

Der Igel wirft den Motor an
und schickt den Flieger auf die Bahn,
    verbirgt sich selber hinterm Strauch.
Der Igel ist heut' ziemlich heiser,
sonst ist seine Stimme leiser,
    meint der Hase und sieht Rauch
quellen aus dem Igel dann,
der von hinten kommt heran.

Oh, da laust mich doch der Affe,
der ist wirklich flott der Laffe!
    Doch was der wohl gegessen hat?
Er selber legt 'nen Zacken zu.
Der Motorigel ist im Nu
    fast heran schon, in der Tat.
Dem Hasen wird es bang und bänger,
sein alter Vorsprung eng und enger.

Dann spürt er plötzlich: Oh verdammt,
jetzt hat der Kerl mich doch gerammt!
    Wie ein Stein schmiert er dann ab.
Er starb auf seinem Jungfernflug.
Auch Flügel machten ihn nicht klug.
    So steht's auf seinem Fliegergrab.
Er war nun mal nicht sehr gescheit.
Dem Igel tat das Unglück leid.

2010

GESCHOSSENE GESELLSCHAFT
Oder: Sorry, hab' mich versippt

Ich schwätze sehr die Liternatur
und sei ein echter Raufgänger,
zagt man mir nach.
Doch was Bezielungen bekifft,
bin ich in Wahlheit der geborene Verlieber
und mit Blindneit meist geschlagen.

Ich gernte ein hübsches Lädchen kennen,
in das ich mich versiebte,
konnte jedoch ohne Polsterbrett
keinen Gesuch empfangen.
So gingen wir ins Interbet
In meinem Lustkraftwagen.

Nach vollzogenem Körperkontrakt
warf sie mir Liebstahl,
ich ihr Damenraub vor.
Von Weltscherz erfasst
graben wir uns dann
tiefster Verzweifung anleim.

Später traten wir im Eckpokal
die Stammfischrunde an beim Pokeln.
Meinen erzielten Gewinnbetrug
weigelte man sich auszuzahnen.
Eine echte Schreinerei!
Ich erschloss die Pokerhunde mit der Finte.

2016

DER VERLIEBTE KAMM
Oder: Nicht immer hält ein Blondschopf,
was sich ein armer Tor davon verspricht

Ein Kamm war blind verliebt in blondes Haar,
weshalb er übersah, dass nichts Gescheites drunter war.
  Sanft durchstrich er zärtlich die geliebte Mähne,
  liebkoste einzeln jede gold'ne Strähne,
  selig lächelnd über alle braunen Zähne
  und schmiedet hoffnungsvoll schon Hochzeitspläne.

Er träumt von zwei, drei blonden Kämmchen,
ganz allerliebst und sanft wie Lämmchen,
  einem Häuschen, wie er selbst aus Zelluloid,
  und hofft, dass sich die Angebetete darüber freut.
  Als Emploié beim Coiffeur bewirbt er sich noch heut,
  nicht ahnend, dass bald großer Kummer dräut.

Er offenbart der Heißgeliebten seinen Traum.
Auf Gegenliebe trifft jedoch der Ärmste kaum:
  Was faselst dir, du Trottel, da zusammen?
  Ich sollte mich für einen Kamm wie dich entflammen?
  Verzweifelt fleht der Nichterhörte: Hab Erbarmen!
  Ich liebe dich so sehr, oh Zierde blonder Damen.

Igittigitt! Ich und dich lieben? Keine Spur!
Ein primitiver brauner Kamm in meiner Blondfrisur?
  Nie würde ich an ein Subjekt aus Zelluloid mich binden!
  Dem ungeliebten Kammgebiss will sie sich entwinden,
  um ihr Glück bei einem Schildpattkamm zu finden,
  der sich auf ihr Gesuch gemeldet hat, aus Minden.

Den verbiss'nen Zähnen entzieht sie mit Gewalt sich, und
es löst die blonde Mähne sich komplett vom Untergrund.
  Oje! Die gold'ne Pracht war nur Perücke!
  Rasend vor Enttäuschung über solche Tücke,
  reißt der arme Irre das geliebte Stück in tausend Stücke.
  Aus der Kämmepsychiatrie kommt er wohl nie zurücke.

2012

SCHIFFSMELDUNGEN
Oder: Seltsame Botschaften aus fremden Sphären

Nachts bisweilen, in den unendlichen Weiten der Meere,
empfange ich manche seltsame Botschaft,
fremde Stimmen, die ich aus fernen Sphären höre,
suchen Verbindung meist, wie sie äußerste Not schafft.

Mayday, Mayday[1], Albertina, without correct position.
Leck geschlagen, schwerste Seen, sinken in den Schären.
Kann um Himmels Willen uns denn niemand hören?
Der Empfang bricht ab, als sich die Frequenzen mischen.

Den Notruf hörte ich bei schwerem Wetter vor der Schlei.
Ich habe dann vom Seefahrtsamt erfahren,
es werde kein Schiff dieses Namens vermisst. Gesunken sei
die Albertina, Käpt'n Larsen, exakt vor hundert Jahren.

Südwestlich von Batavia erhielt ich mal diese Nachricht:
Flying Dutchman. Scheißverflucht, wieder sieben Jahre!
Übt die gottverdammte Hölle wirklich niemals Nachsicht?
Muss doch endlich mal an Land, dass ich nicht ewig fahre!

Dem Funker schaudert's ob der lästerlichen Flüche;
ist ja klar, um welche tragische Figur es sich da handelt[2].
Muss ich den Käpt'n informieren über solche Sprüche?
Wird unser Kahn jetzt in ein Totenschiff verwandelt?

Wir hatten Glück und sind noch mal davon gekommen,
ein ander Mal jedoch dem Tod nur knapp entgangen:
Auf Kingston, Jamaika, hatten wir Kurs genommen
und wurden von Piraten der Karibik um ein Haar gefangen.

Ich hörte kurz zuvor noch diesen Funkspruch, leicht gestört:
Black Pearl. Käpt'n Sparrow[3]. Wer seid ihr, zum Teufel? Over.
Ich denke gleich, die Stimme hast du doch schon mal gehört!
Funk zurück: *Hier Seydisfjord, Heimathafen Dover.*

Hört mal gut zu, ihr Todgeweihten von der Seydisfjord!
Euer Pott wird jetzt von meinen Männern übernommen.
Echte Galgenvögel schick ich euch an Bord;
Widerstand zwecklos, wenn sie gleich rüber kommen.

Ohne Zögern ruf' ich den Maschinenraum,
brüll ins Mikro: *hart Backbord voll voraus!*
Lang überlegen hilft in solchen Fällen kaum.
Vor 'nem Totenschiff nimmt man besser Volldampf Reißaus!

Tobend stürmt der Alte persönlich in die Funkerbude:
Verflucht und zugenäht, Scheiß-Marco[4], was fällt dir denn ein?
Kommandos geb noch immer ich. Christ, Heide oder Jude!
Ich, kleinlaut: *Dachte, das müsste Johnny Depp sein.*

Papperlapapp, was geht uns so'n depperter Depp an?
Ein Witzbold hat bloß seinen Schabernack getrieben.
Das nächste Mal fragst du erst mich oder den Steuermann!
Aye, Käpt'n! Doch wären wir so nie am Leben geblieben!

Im Eismeer, Route Nordkap, in einer bitterkalten Nacht,
kriegte ich 'ne Stimme rein, hab sie bis heut' in Erinnerung:
Bullfrog, Bullfrog! Wo bin ich Jungs, was hab' ich gemacht?
Helft mir bitte, verdammt, helft mir! Bin zum Sterben zu jung.

Von Commodore Harinxma[5], unter dem ich kurze Zeit fuhr,
hörte ich später die Story dazu: Winter 44, nachts, verlor er
auf Geleitzug nach Murmansk siebzehn Mann ohne jede Spur.
Der Jüngste, Bully, sechzehn: Falls er nicht ertrank, erfror er.

Sie konnten ihm nicht helfen, hatten ihn nur schreien gehört.
Wochen später, auf neuer Passage, meldet er sich wieder;
Fragte an per Ouija-Brett[6], wo er jetzt sei, wie Harinxma schwört.
Als er mich selber damals fragte, fuhr's mir echt in die Glieder.

Im Indischen auf Trampfahrt, Destination Capetown,
auf Höhe Madagaskar funkte mich ein Dampfer an:
Mayday, Mayday, Hanseatik, riding at anchor down.
Pest an Bord, Wasser faul; verrecken bis zum letzten Mann.

Leise klang im Hintergrund das Lied der Kameraden:
Ahoi, Ahoi. Leb wohl, kleines Madel, leb wohl, leb wohl.
Wir konnten sie nicht erreichen; hatten Maschinenschaden
und elenden Dünnpfiff, alle Mann, von dem ewigen Kohl.

Mir sagte einer, der später die Stelle passierte, nach Jahren,
man könne in heißen Nächten noch immer die Lieder hören.
Ob damals einer überlebte, konnte ich nie erfahren.
Am Lagerfeuer singen sie das Lied bis heute, kann ich schwören[7].

Apropos Totenschiff; ich meine, ein gewisser B. Traven[8],
ein ganz und gar undurchsichtiger, zwielichtiger Mann,
schrieb was darüber, wie ich hörte in irgendeinem Hafen.
Per Funk hatte ich selbst mal Kontakt mit so 'nem obskuren Kahn.

Vor'm Sognefjord schnappte ich 'ne Meldung auf, lauter Fragen:
Hallo Tom! Hörst du mich zufällig, oder irgendwer irgendwo?
Weiß nicht, wie der verfluchte Kutter heißt, kann nicht sagen,
woher, wohin. Dass ich das Funkgerät fand, bin ich froh.

Hab' ansonsten nichts zu lachen unter all den Leichen hier.
Nachts werden sie lebendig, sind dann miese Ratten,
nagen gegenseitig sich das Fell weg, saufen Rum und Bier.
Melde dich, lass mich nicht hängen, nicht an Bord verrotten.

Mich schaudert's; ich heiße Tom Frost.
Die irre Stimme aus dem Äther ist mir unbekannt.
Was kann ich dem verrückten Kerl nur sagen, so zum Trost?
Seinen Namen hat der fremde Rufer nicht genannt:

Hier ist Tom. Hallo Kutter! Bin auf Kurs nach Aberdeen.
Was kann ich tun, wie helfen? Ist deine Position bekannt?
Rückmeldung keine. Horche weiter auf Channel sixteen[9].
Wortfetzen Stunden später, ich lausche gebannt:

Tom (Rauschen) *kein Mensch mehr* (Rauschen) *ist so weit,*
...meiner armen Seele gnä... (Verbindung abgerissen).
Was da in Wahrheit vorging, welch unmenschliches Leid,
werde ich und möchte ich niemals wirklich wissen.

In einer lauen Sommernacht - wir kamen von Marango -
hört' ich diese Meldung als Funker der Mangrover:
Securite, Securite, Securite[10]*, Seastar, Delta Charley Tango.*
33 degrees, 33 minutes north, 66 degrees, 66 minutes west. Over.

Ich funke zurück: *This is Mangrover. Oscar Kilo Echo Victor.*
Was gibt's? What's the matter? Sind in eurer Nähe. Senden!
Seastar an Mangrover: Hier gehen unheimliche Dinge vor,
sind in stärkste Strömung geraten, keine Chance zu wenden.

Seltsam diesig, als ob's von See nach oben regnen täte.
Rasch zunehmend donnernder Brandungslärm.
Sieht aus, als wenn der Teufel selbst die Hand im Spiele hätte.
Also, dieser Funkspruch fährt mir doch mächtig ins Gedärm.

Dann weiter: *Allmächtiger, der Horizont ist plötzlich weg!*
Bless my soul! Ich hab's geahnt: Die Welt ist doch 'ne Scheibe!
Heavens! Stürzen über'n Rand! Wir geh'n mit Schreck
auf neuen Kurs, dass das Bermudadreieck[11] abseits bleibe.

Nachts bisweilen, in den unendlichen Weiten der See,
höre ich oft ganz obskure Geschichten,
mal aus weitester Ferne, manchmal ganz aus der Näh'.
Dachte, ich könnte mal von solchen Geschichten berichten.

2009

Mayday (3x): Einleitung einer Notmeldung auf Kanal 16 im internationalen Seefunkverkehr;

2 Sieh: *Der Fliegende Holländer,* Oper von Richard Wagner;

3 Sieh: *Fluch der Karibik,* Film mit Johnny Depp in der Rolle des Käpt'n Sparrow;

4 *Marco,* Spitzname für Seefunker, nach Guglielmo Marchese Marconi, Pionier der drahtlosen Nachrichtenübermittlung;

5 Commodore Marten Harinxma (Romanfigur), Sieh: de Hartog, Jan: *Der Commodore,* Zürich 1988;

6 Ouija-Brett (Ouija-Planche), französisch/deutsche (Oui/Ja) Bezeichnung eines esoterischen Frage- und Antwortspiels;

7 Der Marco hat Recht: Das Lied wird wohl bis in alle Ewigkeit gesungen, auch und vor allem immer wieder von dem gespenstischen Barden mit der schwarzen Brille (in Wahrheit natürlich ein Zombie vom Pestschiff).

8 B. Traven, alias: Bernard/Berick Traven, Ret Marut, Fred Marut, Torsvan Crowes, Hal Croves, Otto Feige, mexikanischer oder amerikanischer oder britischer oder schwedischer oder deutscher Schriftsteller (u.a.: *Das Totenschiff, Der Schatz der Sierra Madre, Caoba-Cyklus, Die Baumwoll-pflücker);* Schauspieler, Regisseur, und Akteur der ‚Münchner Räterepublik'.

9 Notruf-Kanal 16 im internationalen Seefunkverkehr.

10 Securite (3x): Einleitung einer Sicherheitsmeldung im internationalen Seefunkverkehr.

11 Bermuda-Dreieck: Seegebiet im Westatlantik, in dem angeblich immer wieder Schiffe ohne Anlass spurlos verschwinden.

IV. WIE ICH DAS SO SEHE

ZEIT, RAUM, GOTT
Oder: Was wir so glauben

Wir meinen mit Uhren die Zeit zu ermessen
Und sehen doch nur
Zeiger wandern über Zahlen.
Zeit, substanzloses Fließen, ohne Anfang, ohne Ende.
Von Ewigkeit zu Ewigkeit? Unmessbar!
Was wir messen ist nur,
Was in ihr
Fast wie ein Nichts geschieht.

Wir wähnen mit Teleskopen das All zu erblicken
Und erahnen doch nur
Einen Widerschein aus den Tiefen der Zeiten.
All, unvorstellbares Nichts, unendliche Leere.
Woher? Wohin? Grenzenlos!
Was wir sehen ist nur,
Was in ihm
Wie ein Staubwölkchen schwebt.

Wir planen mit Fähren den Raum zu erobern
Und gelangen doch nur
Kaum über Horizonte hinaus.
Raum, Theoriegebilde, manifest erst durch Grenzen.
Wie hoch? Wie weit? Unerreichbar!
Was wir erreichen ist nur,
Ein Fähnchen
Zu setzen auf dem nahen Trabanten.

Wir suchen mit Theorien die Welt zu erklären
Und stehen doch nur
Vor immer neuen, unlösbaren Rätseln.
Kosmos, geordnetes Chaos, sensibel brutales Gefüge.
Warum? Zufall? Zweckfrei!
Was wir verstehen ist nur,
Den Fragen
Ein paar Gesetze überzustülpen.

Wir glauben mit Furcht einen Gott zu erkennen
Und erstreben doch nur,
Unserem Sein übergeordneten Sinn zu verleihen,
Transzendenz in vagen, außerweltlichen Sphären.
Glaube? Liebe? Hoffnung!
Was wir finden ist nur
Ein Phantom,
Gespiegelt nach unserem Ebenbild.

2009/2013

KEIN MOND IST AUFGEGANGEN
Oder: Wenn Matthias Claudius
heute leben würde*

Kein Mond ist aufgegangen.
Nirgendwo Sternlein prangen
    Am trüben Himmelszelt.
Der Wald ist bald vernichtet,
Die Industrie verdichtet,
    Bläst Emissionen in die Welt.

Nie ist die Welt mehr stille;
Verkehrsgetriebes Fülle
    Bei Tag und Nacht stets lärmt
Wie all jene Maschinen,
Die uns angeblich dienen;
    Weltweit das Klima sich erwärmt.

Zieht noch der Mond die Bahnen?
Kann man ihn doch kaum ahnen
    In all dem üblen Dunst.
Vorbote schlimmer Zeiten,
Die wir uns selbst bereiten;
    Ist nicht weit her mit uns'rer Kunst.

Wir schlauen Menschenkinder
Sind dumme Umweltsünder
    Und wissen doch so viel.
Andauernd wird beraten,
Doch folgen keine Taten.
    So kommen wir niemals zum Ziel.

Auch wenn wir Gott anflehen,
Es wird doch nichts geschehen,
    Das wir nicht selber tun.
Der Mensch muss sich besinnen;
Denn es gibt kein Entrinnen,
    Solange wir in Einfalt ruh'n.

Die Industrienationen
Können sich nicht schonen
   Der ganzen Welt zur Last:
Chinesen wie Japaner,
Russen, Amerikaner,
   Wir selbst, auch wenn es uns nicht passt.

Schafft man nicht bald die Wende,
Nimmt es ein böses Ende
   Mit dieser Umweltnot.
Wenn wir so weiter machen,
Gibt's bald nichts mehr zu lachen.
   Der kranke Nachbar ist schon tot.

2009

---

* Vergl.: Claudius, Matthias, *Abendlied,* in u.a.:
Matthias Claudius' Des Wandsbecker Boten Gedichte,
Gotha, (ohne Jahr).

ABSATZ
Oder: Kurt Schwitters sah ihn relativ*

Da ein Absatz grade ist,
Und das ja nicht schade ist,
Ist sein Sinn oft desto mehr
Geheimereer.

Doch fehlt ihm ein zweiter
Und so weiter und so weiter,
Wie's ja öfter schon gewesen,
Als Blocksatz wird er dann gelesen.

Sollt' er ohne Sinn sein,
Sieht's ein jedes Kind ein,
Dass relativ zu sehen ist,
Was nicht zu verstehen ist.

2012

* Vergl.: Schwitters, Kurt, *Relativität,* in u.a.: *Kurt Schwitters, Das literarische Werk, Schauspiel und Szenen*, München, 2005.

WELTQUOTIENT
Oder: Weisheit ist stets relativ zu sehen

Ich hörte, fern im Osten, dass ein blinder Inder,
der stets nackt auf seinem Nagelbrett gepennt,
zeugte, kurz vor seinem Ende, noch zwei Kinder,
deren Verbleib doch leider niemand kennt.

Es hieß, sie seien irgendwo im Westen jetzt,
man wisse nicht genau, in welchem Land.
Er selber habe nie gezweifelt bis zuletzt,
dass für den Weltquotienten er die Lösung fand:

Dass die Menschheit nämlich, selber blind,
durch zwei hochbegabte Kinder
- blind wusste er, dass sie das sind -
weise wird, teils immerhin, wie ein blinder Inder.

2012

TRUCKER'S NIGHTSONG
Oder: Das konnte Herr von Goethe
sich noch nicht vorstellen*

Dir lassen Termindruck und Eile
Keine Ruh',
Von Meile zu Meile
Spürest du
Mehr Stress im Bauch.
Blaulicht; Crash auf der Gegenfahrbahn.
Du ahnst, irgendwann
Erwischt es dich auch.

2011

* Vergl.: Goethe, Johann Wolfgang, von, *Wandrers Nachtlied,*
in u.a.: *Goethe's Werke*, Bd. 1, Stuttgart, 1815.

DAS FRUSTRIERTE WIESEL
Oder: Von wegen ästhetisch, Herr Morgenstern;
nur total verknallt damals, das gute Tier!*

Das inzwischen uralte Wiesel
sitzt nicht mehr auf seinem Kiesel
inmitten Bachgeriesel.

Wieso?
fragst du.

Die greise Mondkuh
raunte mir zu, irgendwo
insgeheim:

Das frustrier-
te Tier
liebt schon längst nicht mehr den Reim.

2012

* Vergl.: Morgenstern, Christian, *Das ästhetische Wiesel,*
in u.a.: Ders., *Galgenlieder,* Berlin, 1905.

ABSOLUT RELATIV
Oder: Hatte Einstein eigentlich Recht?

Den Kopf zerbrach ich mir, als ich jüngst durch Pisa lief:
Ist das Lot nun lotrecht, der Turm wirklich so schief?
Ist die Schnecke etwa nur lahm, nicht jeder Blitz blitzschnell,
Die Nacht generell stockdunkel, der Sonntag immer hell?
Hatte Einstein eigentlich Recht; ist alles relativ?
Oder lag er – rein theoretisch – damit absolut schief?

In Grönland fand ein Inuit mich kürzlich halb erfroren,
Nahm mich in seinen Iglu mit, sonst war ich wohl verloren.
Da saß ich mit klappernden Zähnen, obwohl dick eingepackt.
Der Eskimo fand's viel zu warm und war deshalb halb nackt.
Absolut? Oder relativ? Zwei ganz grundsätzliche Fragen!
Ich tu mich damit relativ schwer, kann dazu absolut nichts sagen.

In einer Kieselwüste traf ich unlängst einen Scheich.
Von ferne schien er braun gebrannt, war aber eher bleich,
Wie ich erst sah, als er vor mir stand. Ich fragte ihn sogleich:
Fühlt man sich arm mit all dem Kies hier, oder sprichwörtlich reich?
Salam aleikum, grüßte er höflich und lächelte etwas schief:
Das ist, beim Barte des Propheten, absolut relativ.

2012

BLASSE BLÄTTERSCHATTEN
Oder: Welten können zwischen Dichtern liegen

Von Morgenstern fand ich heut' ein Gedicht,
versteckt in Kreuzworträtselfragen[1].
Beim Lesen rann, warum kann ich nicht sagen,
mir eine Träne über das Gesicht.
Die schlichten Verse hatten etwas in mir angerührt,
das ich so tief bisher kaum je gespürt.

Gestern hatte ich verstört von Grass gelesen,
was er so sagen zu müssen glaubte[2]
und mir damit jene Achtung raubte,
die für den Dichter einstmals hoch gewesen:
Die Fakten so pathetisch zu verbiegen!
Welten können zwischen Dichtern liegen.

06.04.2012

1 Morgenstern, Christian, *Die blassen Blätterschatten der Platane,*
aus der Sammlung *Ritornelle*, in: *Christian Morgenstern, Werke
und Briefe, Band 2, Lyrik 1906-1914*, Stuttgart, 1992. Gefunden in:
Meu (Meurer, Christian), *KREUZWORT*, F.A.Z. vom 05.04.2012.

2 Grass, Günter, *Was gesagt werden muss,* Gedicht, verbreitet in
der internationalen Presse um den 05.04.2012.

PLAGIAT
Oder: Alternativer Zapfenstreich I.
(Adaption einer barocken Dichtung
von Gerhard Terstegen)[1]

Ich klage *an die Macht der* Tr*iebe,*
Die im Betrug *sich offenbart,*
Sich äußert, statt in Wahrheitsliebe
In unverschämtem Plagiat.
Man *will, statt* ehrenhaft *zu denken,*
Erschlichnen Doktorhut *sich* schenken.

Auf Glamour zielt das ganze Streben,
Zur Wahrheit fehlt hier jeder Mut!
Der Blender will sich frech erheben
Und meint, mit Chuzpe geht's schon gut:
Hersteller meines schweren Falles
Sind Neid und Hetze *und* das a*lles!*

Ich fühls, Du bist's, Dich muss ich haben,
Ich fühls, der Doktorhut *muß sein.*
Nicht wegen meiner Geistes*gaben,*
Zum Glänzen brauch ich ihn *allein;*
So steh ich da als großes Licht.
Ob abgeschrieben oder nicht!

Die Diss. entstand so *recht im Zwange*
Meiner übergroßen Pflicht.
Ich brauchte daher, *ach, so lange,*
Verlor vielleicht die Übersicht.
Ich edles *Kind aus* edlem *Samen,*
Im hohen, gutten Adels*namen.*

Des Doktor*vaterherzens Triebe*
Diesem Namen öffnen sich;
Ein Brunn der Nachsicht, *Fried und Liebe*
Quillt nun so nah, so mildiglich.
Mein Gott, wenns der Professor *wüßte!*
- sein Herz alsbald verzweifeln *müßte.*

Wie bist Du mir so zart gewogen,
Begehrst Sponsoring Du von *mir?*
Durch Liebe sanft und vorgezogen
Danke ich summa cum laude *Dir.*
Du traute Uni, *gutes Wesen,*
Du hast mich und ich Dich erlesen.

Schande *sei dem* Fälscher*namen,*
In dem der Täuschung *Quell entspringt,*
Von dem hier alle Lügen *kamen,*
Aus dem der Jubler *Schar dort trinkt!*
Wie feiern *sie dich ohne Ende!*
Wie falten sie die frohen Hände!

Betrüger, *daß Dein Name bliebe*
Als solcher *tief gedrücket ein!*
Möcht zukünftig Wahrheits*liebe*
In Herz und Sinn gepräget sein;
Im Wort, im Werk, in allem Wesen,
Sei Redlichkeit, *sonst nichts zu lesen.*

2011

EHRENMANN
Oder: Alternativer Zapfenstreich II.
(Adaption einer barocken Dichtung
von Gerhard Tersteegen)[2]

Es ödet *an die* triste Peinlichkeit,
Die sich in dieser Causa *offenbart;*
Von Hetzjagd redet man und Neid,
Dass grundlos man beschuldigt *ward.*
Will, statt bloß *an sich zu denken,*
Doch gegenseitig Vorteil schenken.

Ich fühls, du bist's, dich muß ich haben,
Das Klinkerhäuschen *muß* es *sein,*
Für das Kredit die Freunde *gaben.*
Mein Ruhplatz ist in Dir allein.
Hier ist die Ruh, hier ist Vergnügen.
Genießen wir's in *selgen Zügen.*

Des Kanzlerinnen*herzens Triebe*
Meinen Träumen *öffnen sich.*
Ins Amt, das ich so innig *liebe,*
Hievt sie als Präsidenten mich.
Mein Gott, wenn sie die Folgen *wüßte!*
- ihr *Herz alsbald* verzweifeln *müßte.*

Für dich sei ganz mein Herz und Streben,
Mein alter Freund, *und all mein Gut!*
Für m*ich hast Du* ja auch *gegeben,*
Wie man es unter Freunden tut.
Hersteller meines schweren Falles
Sind Spiegel, Bild *und* so was *alles.*

Der Fall traf mich so *recht im Zwange*
meiner übergroßen Pflicht.
Ein Staatsbesuch, geplant schon *lange,*
Schien perfekt aus Pressesicht,
Mit dem Hauskredit zu nerven,
Kaum von ferne zu entschärfen.

Ehr sei dem, der uneinsichtig
Die Affäre nur verschlimmert?
Von dem kein Argument *hier* richtig,
Der faule Ausreden nur zimmert,
Keine Peinlichkeit vermieden
Und ehrlos aus dem Amt geschieden.

Rücktritt rein politisch motiviert,
Der Dauerstress unzumutbar!
Ein Spezi, von mir protegiert,
Stellt ja meinen Anspruch klar;
Ich gedenke doch mitnichten,
Auf was mir zusteht zu verzichten!

O Christian, sei doch vernünftig,
Sieh Dein Versagen endlich *ein!*
Möcht Dir Offenheit zukünftig
In Herz und Sinn gepräget sein!
Im Wort, im Sinn, in allem Wesen,
Sei Ehrenmann, *sonst nichts zu lesen.*

2012

Fußnoten zu ‚Alternativer Zapfenstreich I. und II.

1 Das rasante Tempo, mit welchem derzeit vorzeitig abgetretene politische Amtsträger unter nicht mehr zeitgemäßem militärischem Pomp in den Ruhestand geschickt werden, gibt Anlass, den Text der barocken Hymne *Ich bete an die Macht der Liebe,* in einer Vertonung durch Dmytri Bortniansky traditioneller Bestandteil des Großen Zapfenstreichs der Deutschen Bundeswehr bei derartigen Verabschiedungen, kritisch zu überprüfen und die schwülstigen, nur noch aus dem Geist ihrer Entstehungszeit erklärbaren Verse einer Aktualisierung und Anpassung an heutige profane Anlässe zu unterziehen.
Die *kursiv* gesetzten Textstellen sind zitiert aus dem Originaltext des niederrheinischen Dichters und Theologen Gerhard Tersteegen, 1697-1769. Der Text der Hymne ist zu finden in: *Vierzig Grabgesänge,* 1906, *Kriegsliederbuch für das Deutsche Heer*, 1914, *Liederbuch des Jungdeutschen Ordens*, 1921, *Lieb Vaterland,* 1935. (Quelle: Volkslieder-Archiv).
Von den 298 Wörtern des Originals wurden 156, also rund die Hälfte, für die adaptierte Fassung *Plagiat* (264 Wörter) verwendet, davon drei in leicht abgewandelter Form (Tr[*L*]*iebe*, s[*m*]*ich*, d[*s*]*ich*), dazu weitere sechs in veränderter Zusammensetzung: (Adel-*snamen,* Doktor-*vaterherzens,* Geistes-*gaben,* Wahrheit-*sliebe,* vor-*gezogen,* Fälscher-*namen).* Ihre syntaktische Funktion wurde ebenso wie Struktur und Duktus der Hymne weitgehend beibehalten, die Strophenfolge gegenüber dem Original aus Gründen der inneren Logik teils umgestellt. Die Orthografie der zitierten Stellen wurde aus der vorliegenden Quelle übernommen, die abweichende Interpunktion hier nicht dokumentiert.

2 Erläuterungen zur Originalhymne und ihrer heutigen Funktion wie Unter Fußn. 1. Die 103 plus 4 halben *kursiv* gesetzten Wörter, über ein Drittel dieser Adaption, wurden aus dem barocken Originaltext von Gerhard Tersteegen übernommen, Duktus und Struktur der Hymne weitgehend beibehalten, die Strophenfolge gegenüber dem Original teils abgeändert.

DAS LIED VON DEM HAUSE
Oder: Eine gewagte, immerhin pünktliche Hommage
an Friedrich von Schiller*

Fest gemauert in der Erden
soll ein Haus hier jetzt entstehen,
nicht etwa eine *Glocke werden,*
wie bei Schiller einst geschehen.
    Mit dem kann ich mich zwar nicht messen;
    Hausbau wie Glockenguss indessen
haben durchaus einiges gemein:
Die *tiefe Grube* braucht man hier wie da für's Fundament,
fleißige *Gesellen* sollten sein
und ein *Meister,* der sein Handwerk kennt.

Von der Stirne heiß rinnen muss der Schweiß,
soll das Werk den Meister loben,
was der Maurer sowie jeder Gießer weiß.
So manchen Bauherrn hörte man schon toben,
    über Schlamperei und Mängel.
    Bestimmt genau so viel Gequengel
gab und gibt es sicher auch beim Gießen,
falls *die zähe Glockenspeise* nicht *nach rechter Weise* floss,
Gesellen ihren Arbeitsplatz verließen,
am Ende gar der Meister ganz alleine goss.

Doch damit enden wohl auch schon die Parallelen.
So allgemeine philosophische Gedanken,
womit die Dichter ihre Leser quälen,
sind natürlich Schiller noch zu danken.
    Auf *Feuers Macht, Tigers Zahn* und solche Sachen
    brauche ich mir deshalb keinen Reim zu machen.
Ich hab genug zu tun mit all den Themen,
die sich beim Hausbau
oft genug auswachsen zu Problemen,
nicht zuletzt zwischen Mann und *Hausfrau.*

Der Segen kommt von oben, das ist richtig,
hängt er auch beim Bauen oftmals schief.
Doch der vom Bauamt ist genau so wichtig;
da stapelt man am besten tief!
   Die Behörde kann verfügen über hoheitliche Mittel,
   umso rigoroser, je subalterner meist der Titel,
nicht genehme Bauvorhaben strikt zu unterbinden.
Da kann es manchmal Jahre dauern,
vor Gericht sein gutes Recht zu finden
und versäumten Zeiten nachzutrauern.

Doch stopp! So weit sind wir noch lange nicht.
Zu klären wäre vorab jede Menge Fragen.
Die der Finanzierung hat besonderes Gewicht,
hängt davon ab, mit welchen Plänen wir uns tragen.
   Ersehnen wir ein Reihenhäuschen wie die meisten?
   Könnten uns vielleicht auch eine Villa leisten?
Streng real in jedem Fall ist das Budget zu planen,
entsprechend der Vermögenslage,
zumal im Innersten wir ahnen:
Die Kosten werden steigen, ohne Frage.

So überprüfe man zunächst mal die Finanzen:
Wie viel kommt regelmäßig ganz verlässlich ein,
könnte man sich irgendwie verfranzen,
was muss zum Leben jeden Monat übrig sein?
   In aller Regel geht's nicht ohne Hypotheken.
   Doch werden Banken über Nacht zu Apotheken,
wachsen Zinsen *in des Himmels Höhen.*
Ganz fix ist *hoffnungslos* man überfordert,
riesengroß der Fehlbetrag, unvorhergesehen.
Ohne Nachsicht ist Vollstreckung schnell geordert.

So mancher hat sein Traumhaus schon errichtet,
auf Pump gebaut und eine Hypothekenbank.
Am Ende war das Kapital vernichtet,
lag im *Grabe seiner Habe,* war das Konto blank.
    Drum prüfe, wer sich mit Krediten *bindet,*
    ob zuverlässig Euro *sich zum* Euro *findet.*
Schnell findet man sich selber vor dem Richter,
gibt's mit den Raten zwei, drei Hänger.
Wie sagte doch noch gleich der Dichter:
Der Wahn ist kurz, die Reu', sie dauert länger!

Nicht hier! In diesem expliziten Falle
sei alles ganz solide finanziert;
weitschauendem Giebel entsagt man wie der Halle.
Ich achte schon, dass Unerwünschtes nicht passiert,
    sorge auch dafür, dass des künft'gen *Hauses Pracht*
    bewahrt bleibt vor *des Unglücks Macht.*
Bekanntlich ist *mit des Geschickes Mächten,*
wie uns der große Schiller weise lehrt,
auf Dauer ja *kein ew'ger Bund zu flechten;*
wofür man ihn einst adelte und bis heute ehrt.

Die Hausbank wird jetzt konsultiert in dieser Frage,
bei welcher man schon ewig seine Konten hat.
Mit der Kreditabteilung erörtert man die Lage,
die Daten sind im Rechner gleich parat.
    Seit langem wurde gut verdient und man war sparsam,
    das Geld lag bei der Bank in sicherem Gewahrsam.
Ein schönes Kapital, wiewohl bescheiden,
hat sich im Lauf der Jahre angesammelt,
gut angelegt; um die Rendite sind sie zu beneiden.
Mit Fleiß hat man geschafft, nie herumgegammelt.

Einen Sparvertrag gibt's, der schon länger läuft,
an den man beinah kaum noch dachte.
So peu a peu hat der Betrag sich beachtlich angehäuft,
was sich im Alltag kaum bemerkbar machte.
Dazu die kleine Erbschaft von der Tante,
ganz überraschend, weil man sie kaum kannte.
Da die Risiken in solcher Lage überschaubar seien,
fand der Bankberater, falls man nicht übertreibe,
könne man den projektierten Bau beleihen;
es sei ja nicht sehr viel, was da noch übrig bleibe.

Mögen die Gedanken jetzt auch in die Zukunft fliegen,
zunächst geht mal die Grundstückssuche los.
Wie groß soll's sein, was darf es kosten, wo kann's liegen?
Steht eins zur Verfügung, wenn auch in Erbpacht bloß?
Will man paradiesisch auf dem Lande leben,
zwischen Hecken, Streuobstwiesen, Reben?
Vielleicht ist man beruflich angewiesen auf die Stadt,
neigt zum geschäftigen, urbanen Treiben?
Wenn schließlich sich Erschwingliches gefunden hat,
stellt sich heraus, dass immer Kompromisse bleiben.

Nun gut, die Fragen waren irgendwann entschieden,
das Grundstück wurde unlängst angekauft.
Zu hohe Schulden hatte man dabei vermieden,
über einen Preisnachlass mit Erfolg gerauft.
Jetzt braucht man einen Architekten,
den versierten, ganz perfekten,
der die Kosten möglichst niedrig halten kann,
Kalkulation wie Planung aus dem Effeff versteht.
Gefragt ist da ein echter Fachmann,
kundig in jeder Frage, wenn es um Bauen geht.

Bei seinen Freunden und Bekannten
hat man sich entsprechend umgehört,
die auch den einen oder andern nannten.
Einen gibt's, auf den fast jeder schwört.
    Dessen Häuser hat man sich mal angeschaut,
    ihm das Bauvorhaben schließlich anvertraut.
Verständig wirkt und kompetent der Mann,
man wurde sich mit ihm schnell einig,
ist überzeugt, dass der das bestens kann.
Wohl! Nun kann der Bau *beginnen,* mein ich.

Gemach, gemach! Fragen sind schon noch geblieben:
Wie viel Personen sollen in dem Neubau leben?
Der Bauherr *zählt die Häupter seiner Lieben.*
Wie viele Räume muss es demnach geben?
    Braucht man ein Arbeits- oder Gästezimmer?
    Solch kluge Fragen stellen Architekten immer,
rühmt sich der Mann *mit stolzem Mund:*
Wie steht's mit Dämmung, Heizung, Energie?
Gibt es ein Haustier, Hamster, Katze, Hund?
Kann man etwa Kosten sparen mit Ökologie?

Hausbau ist ja eine sehr komplexe Sache!
Intensiv von allen Seiten gilt es vieles zu bedenken,
dass man nichts vergesse, keine Fehler mache;
Nachfinanzierung beispielsweise möchte man sich schenken!
    Über einen Fakt jedoch sei man sich klar:
    Dass nämlich nie ein Haus am Ende ohne Mängel war.
Die Mutter der Kinder, züchtige Hausfrau,
hofft, den einen oder andern Traum
sich endlich zu erfüllen jetzt, beim Hausbau:
Die große Küche etwa, den separaten Wirtschaftsraum.

Doppelgarage, setzt der Gatte gleich dagegen,
Carport, Werkstatt, Platz genügend für die Räder.
Am Ende einigt man sich, noch was draufzulegen:
Ankleideraum und mindestens zwei Bäder.
    Der Planer hört die Reden mit Bedenken;
    möchte alle Pläne auf Machbarkeit beschränken
und zitiert: *Zum Werke, das wir ernst bereiten,*
geziemt sich wohl ein ernstes Wort:
Bevor die Kosten uns entgleiten
gilt es zu prüfen, was bleibt notgedrungen fort.

Nach dem Disput ist man am Ende doch vernünftig;
als neutrale Macht brauche ich nicht einzugreifen
und hoffe nur, das bleibt auch so zukünftig.
Nun ja, *des Hauses zarte Bande* werden reifen
    mit der Zeit. *So lasst uns jetzt mit Fleiß betrachten*
    die Entwürfe, Pläne. Worauf ist zu achten?
Der Grundriss ist, wie man erkennt, gut ausgerichtet,
Geschosse, Folge und der Schnitt der Zimmer
sind, das hat man auf den ersten Blick gesichtet,
optimal, viel besser geht's wohl nimmer.

Hier und da vielleicht noch eine Spur verbessert,
dass die vorhand'nen Möbel richtig passen,
was die optimale Planung keineswegs verwässert.
Schließlich kann man dann zusammenfassen:
    So ist's recht, lasst es uns so machen.
    Man trinkt ein Glas drauf, kann schon wieder lachen.
Das ist's ja, was den Menschen zieret,
und dazu ward ihm der Verstand,
dass er im innern Herzen spüret,
wie Vernunft zu akzeptabler Lösung fand.

Jetzt komm' ich auf den Bauantrag zurück;
die Unterlagen, welche nötig, werden eingereicht.
So nach acht, neun Wochen, mit viel Glück,
hat die Bauverwaltung sich erweicht,
    zu üblichen Gebühren Baugenehmigung erteilt.
    Vielleicht kann ja, wenn man sich jetzt beeilt,
der Rohbau bis zum Wintereinbruch stehen.
Für's Fertighaus mochte man sich nicht entscheiden,
das würde selbstverständlich schneller gehen;
raschen Wertverlust wollte man jedoch vermeiden.

Ist das Bauvorhaben planerisch gesichert
gilt es, in die Praxis zügig einzusteigen.
Gegen alle Risiken sei man gut versichert,
sollte allerdings auch nicht zu Übertreibung neigen.
    Jetzt sucht man einen Unternehmer, der solvent,
    vielleicht den Kegelbruder, den man kennt?
Verbindung des Geschäftlichen mit dem Privaten
könnte natürlich problematisch werden.
Der Architekt wird sie schon gut beraten;
überschaut genau die Branche, Bau, Steine, Erden.

Auch für die einzelnen Gewerke
wird man des Fachmanns klugen Rat einholen.
Elektrik, Wasser, Gas, wer zeigt hier Stärke?
Findet man Klempner günstiger in Polen?
    Preiswerter schon, doch wie sieht's aus bei Garantie?
    Der Service aus dem Osten kommt doch nie
für ein paar Euro, und wenn, dann erst nach Tagen.
Ist Geiz auch geil, ich würde eher raten,
nach verlässlichen Betrieben zuerst vor Ort zu fragen,
wie es die Ahnen zu Schillers Zeit schon taten.

Endlich ist der große Tag gekommen,
das Bauterrain vermessen, die Fluchten abgesteckt.
Urlaub hat man für die nächste Zeit genommen,
die Raten für die nächsten Kosten sind gedeckt.
Jetzt heißt's, den ersten Spatenstich zu graben,
Werkzeug nur aus Edelstahl will man dafür haben.
Aus großem Anlass ist man schließlich hier.
Frau und Kinder sind zum Baubeginn erschienen,
natürlich Unternehmer, Architekt, Polier.
Alle zeigen feierlich bewegte Mienen.

Dann ist der Spatenstich getan fürs Leben,
mit Klarem wird der Festakt jetzt begossen;
zum Start muss man bekanntlich einen heben.
Fotos werden zur Erinnerung geschossen.
Man stellt sich heute keine Fragen,
ob's richtig war, den Schritt zu wagen:
Ein Kraftakt, heute wie zu allen Zeiten!
Der Bauherr spricht ein klares Wort,
weiß, *wenn gute Reden sie begleiten,*
dann fließt die Arbeit munter fort.

Die Art hat sich grundsätzlich kaum gewandelt,
die Schiller für den Glockenguss beschrieb.
Doch mit moderner Technik wird heut mehr gehandelt,
sowohl im Guss- als auch im Baubetrieb.
Beton nutzt man, genormte Fertigteile,
dass sich der Baufortschritt beeile.
Wo sich einst *tausend fleiß'ge Hände* regten,
schafft heut' der Kran ein Tagwerk in der Stunde.
Zimmerleute, die per Hand die Balken sägten,
benutzen jetzt Maschinen, Zigarette cool im Munde.

Des Hauses Basis bilden Fundament und Keller,
mit dem Bagger wird die *Grube ausgehoben,*
natürlich geht das heute ja viel schneller;
große Mengen Erdreich werden einfach weggeschoben.
      Mit der Drainage, im Untergrund verlegt,
      ist die Entwässerung des Grundstücks angelegt,
der Kanalanschluss bereits vollzogen.
Baustahlgitter für den festen Kellergrund
liegen längst auf Maß geschnitten und gebogen.
Wo die Logistik klappt, da läuft die Arbeit rund.

Das Mischfahrzeug voller Beton, gut flüssig,
entleert die Ladung jetzt in die vertieften Gräben.
Frisch, Gesellen seid zur Hand, nicht müßig!
Verteilt die Masse gut, das Fundament soll sie ergeben!
      In einem Rutsch wird der Kellerboden mitgegossen.
      Alles bestens, der Beton ist gut geflossen.
Wenn der Guss dann richtig durchgehärtet,
ist die halbe Miete schon gewonnen.
Die Gründung hat der Statiker perfekt bewertet.
Alle sind zufrieden; der Bau hat gut begonnen.

Den Rest des Kellers kann man fast vergessen;
man hat sich für ein Fertigwandsystem entschieden,
an einer Stelle sich ein wenig nur vermessen.
Baustopp wurde durch Ergänzung in Beton vermieden.
      Die Platten sind vom Kran schnell in Position gesetzt,
      ein Geselle hat sich dabei leicht am Kopf verletzt.
Fenster sowie Leitungsschächte waren integriert
wie auch Türen. Selbst Schlüssel fehlten nicht.
Ein Fenster, beim Transport beschädigt, wurde zügig repariert,
die Türen schlossen gut, die Fenster waren dicht.

Die Kellerdecke eingeschalt und gleich gegossen,
Der erste Bauabschnitt ist fix vollbracht.
Knapp sechs Wochen sind seit Baubeginn verflossen.
Polier und Bauherr haben heute einen drauf gemacht,
    für die Mühe sich belohnt mit einem Abend in der Bar,
    zufrieden, dass der Keller schon so gut wie fertig war,
haben, leicht angeschickert, Brüderschaft getrunken.
Jede Menge Kurze sind danach geflossen.
Glücklich haben sie, im Vollrausch tief versunken,
das Besäufnis nach der Mühe sehr genossen.

Mit dickem Schädel torkelt man nachhause.
Die Gattin, etwas angesäuert, nutzt die Gunst der Stunde:
Ich hab da noch 'ne Kleinigkeit! Dann, nach kurzer Pause:
Ein Wintergarten! Sie gewinnt die erste Runde.
    Mal sehen, brummt der weggetret'ne Gatte,
    der gar nicht recht verstanden hatte,
worum es ging. Ich danke dir, du bist der Beste!
Nun aber schnell in's Bett, sonst bist du nachher nicht fit
für die Muskelhypothek! Schlaf jetzt erst mal feste!
Der Gatte träumt bereits, dass ihn ein Walross tritt.

Der Kaffee dampft, beim Frühstück in die Zeitung schaut
der Zecher. Die kluge Gattin meint ganz nebenhin:
Gleich an den Wohnraum wird der Wintergarten angebaut!
Welcher Wintergarten? So was schlag dir aus dem Sinn!
    Du selbst hast ihn mir heute Nacht versprochen!
    Quatsch, ich weiß ja kaum, wie ich in's Bett gekrochen!
Weißt du, was das kosten würde, alles umzuplanen?
Kommt nicht in Frage. Der Etat ist ausgereizt!
Die Stimmung spitzt sich zu, das lässt sich ahnen:
Klar, bei deinen Interessen hast du niemals so gegeizt!

Schon hängt der Segen ganz beträchtlich schief.
Weißt du was: Du kannst dein blödes Haus allein beziehen!
Ich mache nicht mehr mit, wo alles nur nach deinem Kopfe lief!
Immer steck' ich nur zurück! Du hast mir nie verziehen,
　　dass ich ein Studium mir leisten konnte,
　　was bei deinem Quotienten sich auch gar nicht lohnte!
Total entnervt, beginnt sie hemmungslos zu weinen.
Oh, *wo ist sie nur geblieben, die schöne Zeit der jungen Liebe?*
Das kann er heute nicht ertragen, will sich mit ihr einen:
Wie wär's, wenn was für eine neue Küche übrig bliebe?

Eine neue Küche, ja! Davon hatte sie geträumt,
doch nicht gewagt, ernsthaft danach zu fragen.
Er hatte sie schon eingeplant, doch mit Bedacht versäumt,
es ihr, ganz ohne Gegenleistung, schon zu sagen.
　　So ist der Friede schließlich doch gerettet.
　　Dabei hätte man vor fünf Minuten noch gewettet,
die guten Leute sind schon fast geschieden.
Er weiß genau, reißt die Küche auch ein neues Loch,
ist die teure Umbauplanung doch vermieden;
ein Wintergarten geht ja später noch.

Es ist immer angenehm, wenn man nach Streit erlebt,
wie das Spröde mit dem Weichen sich vereint zum guten Zeichen,
nachdem die Erde kurz zuvor so heftig noch gebebt.
Friede muss dem Unverständnis da nicht weichen,
　　wo versöhnlich stets *das Strenge mit dem Zarten,*
　　wo Starkes sich und Mildes paarten!
Liebe *gewöhnt zu sanften Sitten, wob das teuerste der Bande,*
wenngleich nicht immer und in allen Fragen Eintracht währt.
Etwas Trickserei, das sei erwähnt am Rande,
gepaart mit Einsicht, sind in solcher Lage nie verkehrt.

Mit dem Bauen geht es zügig und problemlos weiter.
Die Geschosse sind mit Blockbausteinen ausgeführt,
mit Profilen gut gefügt. Im Parterre geht's noch ohne Leiter.
Danach wird ein Gerüst errichtet, noch mehr Speis gerührt,
die Räume wachsen, es dehnt sich das Haus.
Nach Baufortschritt zahlt man die Raten aus.
In Kürze sind die Mauern hochgezogen bis zum Drempel,
die Zimmerleute fangen mit dem Dachstuhl an.
Bevor Elektrik, Wasser, Heizung und der ganze Krempel
installiert wird, ist erst noch das Richtfest dran.

Man hat sich einen schönen Herbsttag ausgesucht,
Biergartengarnituren laden ein zum frohen Feste,
für die Stimmung ist eine kleine Band gebucht.
Nachbarn, Freunde und Verwandte sind die Gäste.
Heute wird gefeiert, *lasst die strenge Arbeit ruhn,*
an Speisen und Getränken *mag sich jeder gütlich tun.*
Rohbau mit First und Sparren ragen wohl gelungen,
mit Plastikbahnen gegen feuchte Witterung geschützt,
ein Richtkranz schwebt, es wird viel falsch gesungen,
der Geselle hat die Hausfrau nach dem zehnten Korn gebützt.

‚Die Herrin soll man ehren vor dem Bauherrn,
Glück und Segen wünscht man beiden gleich.
Scheinen soll dem Haus ein guter, heller Stern,
fest auf immer der Bewohner Burg und Reich.
Darauf stoßet alle mit mir fröhlich an!'
So hatte er vom Firste seinen Segensspruch getan,
das Glas zerdeppert *hoch im Bogen.*
Zu Tränen war die Feierrunde da gerührt,
ist in Polonaise dreimal um den Bau gezogen,
vom beglückten Bauherr'npaar freudig angeführt.

Es wurde noch ein langes, feuchtes Fest,
in der Frühe erst verließen manche Gäste diese Sause.
Die Besitzer machten auf Matratzen noch den Test,
wie es sich liebt, die erste Nacht im eig'nen Hause.
    Natürlich war es kalt und nicht grad' bequem,
    für das Bedürfnis der Natur zudem
stand zur Verfügung nur das enge Dixiklo.
Im Morgengrauen schlichen sie nachhause.
Ein Erlebnis war es doch, unvergesslich sowieso.
Schlafen konnte man am Sonntag ohne Pause.

Herbstes bunte Farben malen herrlich schon den Wald,
der Oktober ist mit Goldglanz überfangen.
Doch weh! Schon toben schwere Stürme bald,
Plastikbahnen auf dem Dach sind in Fetzen gegangen.
    Der beauftragte Dachdeckermeister,
    nomen est omen: Magnus Sturm, so heißt er
konnte den Termin nicht halten wie geplant.
So verzögert eine Woche sich das Decken.
Herbert, der Polier, hatte eindringlich gewarnt
vor Feuchtigkeit im Bau mit Schäden an allen Ecken.

Oft genug hat er erlebt, wie *die Elemente hassen*
das Gebild' der Menschenhand, kommt der Sturm geflogen
und *aus der Wolke strömt der Regen, fällt* in Massen.
Doch dieses Mal hat ihn sein Gefühl getrogen;
    der Schaden war nicht allzu groß;
    ärgerlich war letztlich bloß,
dass man schlechter Terminierung wegen Zeit vertat,
die womöglich hin zum Jahresende fehlt,
wenn mit strengem Frost der Winter das Terrain betrat.
Es ist eben jeder Tag, der jetzt wirklich zählt.

Letzten Endes war der Schaden schnell behoben;
die Versicherung beglich kulant die Kosten.
Ist der Zeitplan so um eine Woche auch verschoben,
war man doch in Kürze wieder auf dem Posten.
    Ausgetauscht war fix die Dampfsperrschicht.
    Im Ganzen gab es so viel Feuchte nicht,
wie man zunächst befürchtet hatte.
Alles war bald wieder trocken, Balken, Decken, Wände.
Zu ersetzen war die eine oder andre Latte,
dann ging's flott weiter, man spuckte in die Hände.

Nur wenig später ist dann auch das Dach gedeckt,
sind Regenrinnen, Abflussrohre sauber angebracht.
Jetzt kann der Winter kommen! Alles wird noch mal gecheckt;
die *öden Fensterhöhlen* provisorisch dicht gemacht.
    Als hätte man's geahnt, fällt kurz darauf der erste Schnee.
    Der Kran ist kürzlich abgebaut und wie ich seh',
sind in dichte Flocken Haus und Bauplatz gnädig eingehüllt.
Bis zum Frühjahr wird der Rohbau gründlich trocken.
Bislang ist alles optimal gelaufen, Zeit- und Kostenplan erfüllt.
Getrost kann man entspannt an den Kamin sich hocken.

Mit Schmuddelwetter ist der Winter eingezogen,
fiel mit heftigen Gewitterböen übers Land.
Die Bäume hatten sich im Sturm gebogen,
den das Haus jetzt ohne Schaden überstand,
    fest gemauert in der Erden. (Hier passt endlich das Zitat,
    mit welchem Schiller einst sein Glockenlied begonnen hat.)
Im Januar kam für drei, vier Wochen
starker Frost. Im klaren Licht sah man Kristalle funkeln.
Der Fernsehmeteorologe hatte gleich den Schnee gerochen.
Die Pharmalobby hörte man von Schweinegrippe munkeln.

Zum Neuen Jahr gab es Gehaltserhöhung, die sich lohnte.
Die Frau stieg wieder ein in den Beruf als Lehrerin,
was sie, da beide Kinder schon zur Schule gehen, konnte,
ist glücklich und nach langer Pause wieder Geldes Mehrerin.
      Da sieht doch alles schon ganz anders aus:
      Nicht mehr krumm zu legen braucht man sich für's Haus,
jetzt steht die Finanzierung solide auf vier Beinen,
der Wintergarten ist kein heikles Thema mehr;
ohne Probleme kann man ihn sich leisten, wie sie meinen.
Der Lage nach, so auch die Bank, sei das nicht schwer.

Auch das Heizsystem will man verbessern nun;
Erdwärme ökologisch nutzen! Das Gebot der Stunde.
Man will ja schließlich etwas für die Umwelt tun,
die Klimakatastrophe ist zurzeit in aller Munde,
      Tipps zur Energieeinsparung sind der große Hit,
      öffentliche Förderung nimmt man natürlich gerne mit.
Man schätzt, in fünfzehn Jahren rechne sich das Ganze;
man heize praktisch dann nur noch für Wartungskosten.
Nun ja, die Ökowirtschaft bricht dafür so manche Lanze,
doch Träume sah man auch im Lauf der Zeit schon rosten.

Im Keller soll es nunmehr geben einen Hobbyraum,
Sauna, zweites Bad. Platz ist ja genug vorhanden.
Die Kinder träumten schon seit jeher diesen Traum,
konnten im Familienrat mit ihrem Argument jetzt landen:
      Will man morgens nicht in Viererschlange anstehn ,
      kann das ohne zweites Bad kaum angehn!
Kurz und gut: Happy ist man ob der Geldvermehrung.
Doch lasst uns jetzt nicht übertreiben, mahnt der Vater.
Auf guten Boden fällt die erbauliche Belehrung:
Wildesten Exzessen folgt bekanntlich stets der größte Kater!

An die Maxime hat man sich auch strikt gehalten.
Der Architekt ist der Erweiterung nicht abgeneigt,
kann - gegen gutes Honorar - sich weiter noch entfalten.
Der Bauherr hat dafür schon Mittel abgezweigt.
    So geht nun alles seinen guten Gang,
      nur der Winter wird allmählich lang;
mit erneuertem Elan möchte man das Werk vollenden,
kann mit Ungeduld das Frühjahr kaum erwarten,
fiebernd nach dem Leben in eigenen vier Wänden.
Langen Winter hat man heuer, einen ungewöhnlich harten.

Noch ein Zitat: Was lange währt, wird endlich gut.
(Diesmal nicht von Schiller!) Es ist mild geworden,
die Vögel sind aus dem Exil zurück, geben Mut
und Hoffnung. Die Gänse ziehen schon nach Norden.
    Die Menschen aber streben in den Garten;
      voller Ungeduld will man nicht länger warten,
Hecken schneiden, Rosen stutzen, alles neu bestellen.
Die Häuslebauer jedoch zieht es auf den Bau,
natürlich auch die Baubetriebe, Meister wie Gesellen;
deren Kassenlage wird allmählich etwas flau.

Als es wieder losgeht, findet sich der Bau in gutem Stand.
Außen wird gedämmt, innen zieh'n Elektriker die Strippen,
Putzer und Klempner schaffen Hand in Hand.
Fenster, Zargen, werden eingesetzt mit Dichtungslippen,
    die Anschlussfugen ausgeschäumt und beigeputzt.
    Die Pause haben alle gut, teils zum Wintersport, genutzt,
sind ausgeruht, braun gebrannt und guter Dinge.
Die elegante Treppe aus Edelstahl und Buchenholz
wird sauber eingebaut. Dass es ohne Korrektur gelinge,
war gut geplant; die Werkstatt ist auf das Ergebnis stolz.

Die Heizungsbauer verlegen jetzt die Schlangen;
Bodenheizung kommt ins ganze Erdgeschoss.
Was Besseres kann man wohl kaum verlangen,
meint die Frau Lehrerin, die ihre neue Stellung sehr genoss.
  Der Boden wird dann insgesamt verfließt,
  dass man mit viel Putzen sich die Freizeit nicht vermiest.
Auch in den Bädern wirken schon die Fliesensetzer.
Dann folgen die Objekte, Wanne, Dusche, Becken,
auch ein Bidet, Sitzdusche nannte es der Übersetzer.
Im Bau geht's richtig rund zurzeit an allen Ecken.

Heizkörper wählte man für oben, ganz konventionell.
Den Boden und die Türen gestaltet man in Buche;
die Räume wirken edel jetzt, geräumig, hell.
Allmählich macht man sich auch auf die Suche
  nach einer guten Möbelspedition.
  Die alte Wohnung ward entrümpelt schon
und ausgemustert, was nicht ins neue Haus mit soll.
Gleichwohl bleibt eine ganze Menge zu verpacken,
ein großer Stapel Umzugskisten ist schon voll.
Der Kündigungstermin sitzt ihnen jetzt im Nacken.

Ein Exkurs scheint hier jetzt angebracht,
in eigener wie auch in Schillers Sache:
Die Rechnung nämlich habe ich mal aufgemacht,
ob wirklich angemessen ist, was ich hier mache;
  der Länge nach hab' ich die *Glocke* übertroffen
  schon bis hier und kann nur hoffen,
man legt mir das als Größenwahn nicht aus.
Auch zweifle ich, ob meine schlichte Reimerei
wirklich irgendjemand interessiert für dieses blöde Haus.
Im Telegrammstil fahr ich deshalb fort, wie dem auch sei.

Außenanlagen vorbereiten, Maler, Garage nebst Terrasse
sind jetzt dran – die Sauna wird erst mit Verspätung kommen,
Internet in allen Zimmern, dass der Anschluss passe,
Balkongeländer fertig, Edelstahl. Hab mir vorgenommen,
   die aktuelle Strophe soll bis zum Umzug reichen.
Diesem Ziele müssen weichen
Details der Küche von dem Möbelhaus aus Schweden,
die man, auf Maß geplant, selber zusammenbaute.
Auch der Wintergarten steht, erfreut nun jeden,
selbst den Hausherrn, der sich seinerzeit nicht traute.

Puh, das wär geschafft! Geladen ist der Umzugswagen,
kommt schon vorgefahren. Freunde und Verwandtschaft
steh'n bereit, Möbel und den ganzen Kram hineinzutragen.
Ruckzuck geht das mit so starker Mannschaft.
   Glücklich traf man's wieder mit dem Wetter heute,
   was Bauherrn wie die Helfer freute,
weder heiß noch kalt, dass es allen richtig passe.
Alles läuft ganz optimal, ohne Kratzer, ohne Delle,
auf der Strecke blieb die blöde, schon kaputte, alte Tasse.
Abends hob der Hausherr die Gattin über Hauses Schwelle.

Eine Strophe soll dem Fest hier noch gewidmet sein,
mit dem vier Wochen später eingeweiht das Haus.
Alle, die beteiligt waren, lud zum Dank man ein;
natürlich kam man drinnen mit dem Platz nicht aus,
   saß auf der Terrasse in milder Sommernacht.
   Die Freunde hatten Salz und Brot symbolisch mitgebracht
und eine Menge praktischer Geschenke,
nicht alle schön, doch alle gut gemeint,
wenn auch nicht wirklich alle neu sind, wie ich denke.
Vor Dankbarkeit und Rührung wurde viel geweint.

Sie wohnen hier inzwischen nun schon fast ein Jahr,
haben sich gut eingelebt. Die Nachbarn sind sehr nett.
Die Kinder finden Haus wie die Umgebung wunderbar,
der Garten grünt, die Blumenbeete sind adrett.
    Den Dichter, seit zweihundert Jahren hoch geachtet,
    hab ich ohne Hemmung ausgeschlachtet
für dieses Riesenmammutunternehmen.
Pünktlich zum Jubiläumsjahr ist die Hommage gekommen,
als Relation von Glockenguss- zu Hausbauthemen.
Mancher meint, ich hätte mich wohl etwas übernommen.

Einiges kann ich jedoch zu meinen Gunsten sagen:
Viel friedlicher ging's bei mir zu, als einst bei Schiller.
Keine *Gattin, ach, die teure,* muss man etwa hier beklagen.
Da lief es bei der *Glocke* schon erheblich schriller.
    Weder *Aufruhr* fand hier statt, noch Feuersbrunst,
    die der Dichter einst beschrieb mit hoher Kunst.
So nebenbei und ganz bescheiden wäre zu erwähnen:
Kein *Guter räumt* bei mir *den Platz dem Bösen,*
auch *werden Weiber* keineswegs hier *zu Hyänen,*
geschweige denn, dass *alle Bande frommer Scheu sich lösen.*

Nein, nein. Ein gutes Ende nimmt die Story; wie gemalt
steht das Haus auf dem Papier, *fest wie der Erde Grund.*
Die Hypotheken sind in ein paar Jahren hypothetisch abgezahlt,
die virtuellen Hausbewohner zufrieden und gesund.
    Mir bleibt jetzt nur noch, diesen Menschen
    wie dem – so hoffe ich - geneigten Leser Glück zu wünschen.
Holder Friede, süße Eintracht, weilet *über* dem fiktiven Hause,
so lange man das in Bescheidenheit erwarten kann.
Und ich? Ich mach' mit Schiller erst mal lange Pause,
lege mich vielleicht demnächst mit Goethe an?

2009

---

* Die *kursiv* gesetzten Passagen sind - der Leser hat's geahnt - Zitate
aus: Schiller, Friedrich von, *Das Lied von der Glocke,* in u.a.: *Musenalmanach
für das Jahr 1800,* Tübingen, 1799. Zu seinem 250. Geburtstags wird
der Dichter landauf, landab mit zahlreichen Veranstaltungen gewürdigt.

OBERGRENZE
Oder: Auf ewig frei

Am Grenzübergang Palästina/Ägypten.
Der Grenzer blättert in Manuskripten,
die ein Flüchtling zwecks Registrierung einreicht,
voller Hoffnung, sein Antrag werde vielleicht
positiv hier an der Grenze beschieden
und so der Kindermord vermieden.

Wo kommt ihr her? Nennt eure Namen!
Nazareth war's, woher wir kamen,
mussten vor Terror aus Bethlehem fliehen,
möchten gern nach Ägypten ziehen,
Sicherheit finden am Nil;
ersuchen höflichst um Asyl.

Unlängst wurde, so derBeamte ungerührt,
eine Flüchtlingsobergrenze eingeführt
und für dieses Jahr bereits erreicht.
Denkt nicht, dass ihr mich erweicht!
Ich muss euch jetzt - das kann passieren -
strikt human umgehend liquidieren.

Wenn's etwas zu verzollen gibt, so sagt es jetzt;
Zollvorschriften werden bei mir nicht verletzt.
Kontrolle hat stets Vorrang vor Vertrauen!
Was ist da im Gepäck auf eurem Grauen?
Etwas Myrrhe, Weihrauch und ein paar Dinare,
Geschenk von weisen Männern, keine Handelsware.

Hat meine Nase mich doch nicht getrogen;
Weihrauch und Myrrhe fallen unter Drogen,
das bisschen Gold langt grade für die Strafgebühr.
Nichts für ungut; geht ohne Furcht durch diese Tür.
Vertraut mir, es ist schnell vorbei.
Vor Verfolgung seid ihr dann auf ewig frei.

21.12.2015

MIT DEN WÖLFEN HEULEN
Oder: Bernd Höcke gewidmet

Wölfe sind wieder im Lande.
Sie heulen das garstige Lied,
was man all die Jahre vermied
nach der letzten blutigen Schande.

Man müsse mit ihnen reden,
so rieten verständige Leute,
überzeugen die freche Meute;
Argumente überzeugen doch jeden!

So bin ich zu den Wölfen gegangen
und habe mein Bestes versucht.
Sie haben geheult und geflucht,
was immer ich angefangen.

Sie verstanden mich nie.
Am Ende musste ich sehen,
dass Wölfe mich erst verstehen,
wenn ich so heule wie sie.

Damit konnte ich dienen.
Ganz ohne schlechtes Gewissen
Hab' ich gestern mein erstes Schaf gerissen,
bin jetzt einer von ihnen.

2018

FÄDEN SCHLUCKEN
Oder: Kritische Materialprüfung

Falls du mal einen Faden isst,
was ja an sich kein Schaden ist,
solltest du doch darauf achten,
woraus sie diesen Faden machten,
weil es bei'm Schlucken nicht egal ist,
welcher Art das Material ist.

Baumwollgarn, ich sag's vertraulich,
ist am leichtesten verdaulich.
Es ist ja ein Naturprodukt,
das man als solchen Faden schluckt.
Drum rat' ich, willst du dir nicht schaden,
am ehesten zum Baumwollfaden.

Wenn es von Polyester ist,
das Garn erheblich fester ist
und wird, das muss man leider sagen,
keinesfalls zersetzt im Magen.
Doch leicht hält das der Körper aus;
meist kommt der Faden wieder raus.

An Wolle, gern benutzt zum Stricken,
wird man selten gleich ersticken,
falls man an einem Faden lutscht
und dieser in die Röhre rutscht.
Unangenehm ist allenfalls,
dass Wolle manchmal kratzt am Hals.

Gar nicht kann ich Hanf empfehlen.
Ich brauche Euch nicht zu erzählen,
dass man daraus Stricke dreht,
weshalb wohl jedermann versteht:
Es scheint beim Schlucken bestenfalls
hinderlich ein Seil am Hals.

Will der Herr die Felder segnen,
lässt's dafür Bindfäden regnen,
kannst du solche preiswert schlucken,
musst nur hoch zum Himmel gucken,
mit dem Mund nach Tropfen zielen;
schon lässt sich die Kehle spülen.

Mit Vorzug, ich will's nicht verhehlen,
würd' ich ja Fadennudeln wählen,
müsste ich mal Fäden essen,
nicht den Wein dazu vergessen,
die Pasta ganz perfekt al dente,
mit Sugo und ein wenig Ente.

2014

UND NOCH MAL EIN NEUES JAHR
Oder: So ähnlich könnte Theodor Fontane
sein Weihnachtsgedicht[1] für Emilie von 1891
heutzutage fortgesetzt haben

Und noch mal ein neues Jahr:
Wird's besser als das letzte war?
Lassen wir's dabei bewenden,
dass wir das alte jetzt beenden.
Da gab es manche krasse Wende,
Affären, Chaos ohne Ende,
Katastrophen, Terrormord,
in aller Welt, ob Süd, ob Nord,
Fukushima und das Beben.
Viele zahlten mit dem Leben.

Nehme ich jedoch den Schnitt,
teilt sich auch Positives mit:
Erhalten blieb die Welt trotz Cern[2],
Zur Not gibt es Ersatz auf einem Stern[3].
Ein paar Despoten traten ab,
denen man den Laufpass gab.
Es lohnte sich zum Schluss kein Plagiat,
und ‚Bunga Bunga' gibt's nur noch privat.
Nicht unerfreulich, denk ich doch:
Selbst Griechenland gibt's immer noch.

Doch hohe Zeit jetzt für Auguren,
für Kaffeesatz und andre Spuren:
Tritt er, oder tritt er nicht
zurück, der Bundesbösewicht?
Was wird mit Euro, mit Finanzen,
da wir um gold'ne Kälber tanzen,
auf Politik und Banker fluchen,
selber unsern Vorteil suchen?
Wird es gerechter sein auf Erden?
Wie viele wohl verhungern werden?

Man kann zu solchen Zukunftsthemen
viel Widersprüchliches vernehmen;
Spökenkieker und Experten
legen manche falschen Fährten.
Die Maya wussten es schon immer;
das alte Jahr, es endet schlimmer:
Die Welt wird diesmal untergeh'n,
am zwölften Zwölften[4], zwölf Uhr zehn[5].
Das Festmahl würd' ich vorher essen;
Weihnachten kannst du vergessen.

24.12.2011

Fontane, Theodor, an Emilie, *Zum 24. Dezember,* (*Noch einmal ein Weihnachtsfest*), 1891, gefunden im Buchladen auf Ribbeck, mitgeteilt von Alfons W. Biermann.

2 Bei Experimenten mit dem Teilchenbeschleuniger CERN im Forschungszentrum bei Genf wurde von Schwarzmalern die Entstehung sogenannter ‚Schwarzer Löcher' und in deren Folge die Vernichtung der Erde befürchtet. Das Bundesverfassungsgericht wies eine Klage gegen CERN ab mit der Begründung, es könne nicht mit Sicherheit davon ausgegangen werden, dass das befürchtete Ereignis wirklich eintreten werde.

3 Am 05. Dezember 2011 wurde weltweit berichtet, die NASA habe einen erdähnlichen Planeten in unserer Galaxie entdeckt, nur 22 Lichtjahre entfernt. Nichts wie hin!

4 Bei dem Datum 21.12., das auch genannt wird, handelt es sich wohl um einen Dreher im Maya-Kalender. Gemeint ist natürlich der 12.12., dem hier auch schon aus reimtechnischen Gründen der Vorzug gegeben wird.

5 Eintreten wird das Ereignis statt um 12 Uhr 10 exakt Um 12 Uhr 12.
Das reimt sich aber nun mal nicht. Im Übrigen wird der Vorgang ja wohl wenigstens zwei Minuten andauern.

V. GRADE NOCH DIE LETZTE WENDE

WIE ICH MICH SO FÜHLE
Oder: Unter Umständen

Wie ich mich so fühle
im alltäglichen Gewühle?
Noch immer so am Leben
eben.

Hängt ganz von den Umständen ab,
was ich so für Gefühle hab;
muss oft über meine Launen
staunen.

Ich fühl' mich wie ein Zwerg
oben auf dem Berg,
wenn ich so auf der Spitze
sitze.

Im Tal dagegen, auf der Wiese,
fühle ich mich wie ein Riese,
wenn ich so voller Wonne
sonne.

Beim Essen fühl' ich mich recht wohl,
mag sehr, zum Beispiel, Sauerkohl
und trink' so gern zum Eisbein
Weißwein.

Bisweilen fühl' ich mich auch mies,
wenn mich zwickt so das und dies,
etwa Beschwerden mich im Magen
plagen.

Ich fühl' mich, wenn mein Schiff
scheitert an so einem Riff
und ich lieg' dann im Wasser,
nasser.

Manchmal fühle ich mich feige,
weil ich so zu Ängsten neige;
stell' mich einfach dann zur Not
tot.

Doch kann ich auch verwegen sein,
so nach ein, zwei Flaschen Wein
mich fühlen wie ein Supermann
dann.

Stark fühl' ich mich beim Pferdestehlen,
die Kumpel können auf mich zählen;
ich mache jeden, noch so blöden Schitt
mit.

Nachts fühl' ich mich ziemlich nett
in so 'nem warmen, weichen Bett,
worin ich nicht alleine
scheine.

Und fühle gerne zarte Hände,
so in der Gegend um die Lende,
wobei ich Lust verspür' im Bauch
auch.

Ich fühle auch schon mal beim Akt,
wie mich die Erkenntnis packt,
dass ich kaum noch richtig, so als Mann,
kann.

Fühle ich mich dann steinalt,
so such ich Ruhe tief im Wald,
hör' im Hörgerät an meiner Brille
Stille.

Wie ich mich letzten Endes fühle,
in des Grabes feuchter Kühle,
ist mir dann, so denk' ich mal,
egal.

Und falls man mich verbrennt zu Asche,
fühl' ich mir auch nichts in die Tasche;
bin so und so, in jedem Falle,
alle.

Scheint um Banales viel Gewese,
fühl' ich, wenn ich das hier lese;
schaff' so grade noch die letzte Wende.
Ende.

2013

ALLES VORBEI
Oder: Eine Art Epilog

Du fühlst und lebst,
Du schaffst und strebst,
Du nimmst und gibst,
Du hasst und liebst,
Du hörst und siehst,
Du schreibst und liest,
Du ruhst und wachst,
Du weinst und lachst,
Du trinkst und isst,
Du jagst und fliehst
Die ganze Zeit.

Dann klopft er an,
Der Sensenmann
Du weißt nicht wann:
Mach dich bereit;
Es ist so weit!
Was sagst du dann?
Ach, du dickes Ei,
Alles vorbei.

2014